U0637524

中国博士后科学基金资助项目
（项目编号：2016M601479）

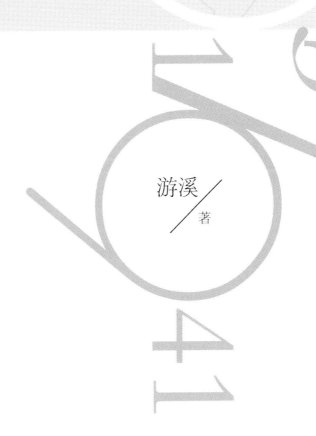

"孤岛"气候与
海派气质

——"孤岛"时期艺术期刊研究
（1937-1941）

游溪／著

中国社会科学出版社

图书在版编目(CIP)数据

"孤岛"气候与海派气质："孤岛"时期艺术期刊研究：1937-1941 / 游溪著.
—北京：中国社会科学出版社，2018.4

ISBN 978-7-5203-2161-7

Ⅰ.①孤… Ⅱ.①游… Ⅲ.①艺术—期刊—新闻事业史—研究—中国—1937-
1941 Ⅳ.①G239.296

中国版本图书馆 CIP 数据核字（2018）第 043096 号

出 版 人	赵剑英	
责任编辑	曲弘梅	
责任校对	赵雪姣	
责任印制	戴 宽	

出　　版	中国社会科学出版社	
社　　址	北京鼓楼西大街甲 158 号	
邮　　编	100720	
网　　址	http://www.csspw.cn	
发 行 部	010-84083685	
门 市 部	010-84029450	
经　　销	新华书店及其他书店	

印刷装订	北京君升印刷有限公司	
版　　次	2018 年 4 月第 1 版	
印　　次	2018 年 4 月第 1 次印刷	

开　　本	710×1000　1/16	
印　　张	12.75	
插　　页	2	
字　　数	201 千字	
定　　价	56.00 元	

凡购买中国社会科学出版社图书，如有质量问题请与本社营销中心联系调换
电话：010-84083683
版权所有　侵权必究

序　一

　　关于艺术的断代史、局部史的研究，相较宏观的全史研究，如《中国艺术史纲》《中华艺术史》《西方艺术史》《中国电影发展史》《中国美术通史》等，还是相对较少的。而对仅有四年多一点的所谓上海"孤岛"时期的艺术期刊作专门的研探，则更为鲜见。以往对于上海"孤岛"时期艺术涉猎较多的大概是电影和戏曲、话剧。传统的观点基本上是对左翼电影、当时由共产党地下组织所领导的上海剧艺社给予了很高的评价和积极的肯定，而对"孤岛"时空下所出现的各类艺术本身虽褒贬不一，但持批判、否定的言论较多。游溪博士的这部《"孤岛"气候与海派气质——"孤岛"时期艺术期刊研究（1937—1941）》的专著，则力图从期刊研究的视角，对"孤岛"时期的艺术、艺术论做出更为合理和全面的诠释，并将之融入整个"海派文化"的演进之中，把它视作"海派文化"的一个特殊的历史节点，给予尽量公允的还原、分析与评价，从中见出海派文化在这一时期对现代性的吸纳与转换，海派文化和市民审美心态的多元性认同，艺术期刊对于都市的现代性文化建构，以及矛盾中的变化，变化中的救赎和曲折发展。由此可见，这部专著的视角较新颖，话题本身就具有较丰富的文化内涵和人文关怀，是一部值得推荐、能引发人们产生多方面启迪的、有学术价值的著作。

　　该专著从对"孤岛"艺术期刊的特殊"气候"、演变和类型特征与海派文化之关系的论述起笔，推出"孤岛气候"对这一特定时空中海派文化的渗透和影响，海派文化于"孤岛"艺术期刊间所出现的互文性。接着，较详细地论证了应如何从"孤岛"艺术期刊来审视海派文化在这一时期中的现代性回响，论及"孤岛"艺术期刊的现代性审美特征，"高雅与通俗并行的现代白话文""经典形式与带趣味美感的图片""现代性艺术启蒙中的艺术理论探讨""文化的自觉""艺术家的身份探寻""都市现代性文化建构"，特别是强调了女性解放、恋爱自由、民主平等在艺术文化中的不断扩散和启蒙人的心智。接着，又分析了"重商的海派文化与'孤岛'的娱乐性艺术期刊"间的互动效应，如强烈的商业诉求，对明星、女性、身体的娱乐性消费，在冲突与妥协中所形成的战时娱乐空间，等等。而后又引申出"隐晦中砥砺：'孤岛'艺术期刊的价值取向与海派文化的曲折发展"，在阐述抗日救亡的思想宣传、艺术精英的文化坚守后，分析了"隐晦表达"其实是一种生存智慧，规避敏感话题和战时对民族立场的隐喻表达的背后是对民族文化的保护，也是为了激发"孤岛"居民大众的爱国情怀。在此基础上，又带出了所谓"京派""海派"之争背景下的海派艺术特征与拓展，从"孤岛"艺术期刊来管窥海派文化的自我救赎，从中也可看出"孤岛"时期各类艺术家、艺术评论者对电影、话剧、戏曲、音乐、美术等各种艺术在倡导通俗化、大众化的同时，希冀提升高尚娱乐、探讨艺术规律所做出的努力。最后，在对"孤岛"艺术期刊的总体评价中，对其价值与地位给出了她自己的评定和分析，认为"孤岛"艺术期刊对中国近现代艺术史的建构起到了特殊的作用和重要影响力。在本书的结尾处，还附录了"孤岛"时期艺术期刊汇总表，以利于其他学者可作进一步的升发和研究。

总之，此书从"孤岛"时期艺术期刊这一较小、较独特的视角，来窥探一个特殊的历史时空中海派艺术与海派文化的生存、救赎与发展，期间所发生的传统观念与现代性、大众消费与精英意识、通俗文化与高雅文化之间的冲突、互渗、妥协与重构，的确是耐人寻味而又合乎近代海派艺术文化发展之逻辑的。以小见大，以点带面，史论结合，材料的翔实和较充分的运用等特点，在游溪的研究中随处可见。不过，由此而引出的对"海派文化"的研究，却是一个可以也应该作更深入和更细致的分析，也会涉及更多层面的课题。这当然不可能仅仅由对期刊的梳理所囊括。如游溪对此论题感兴趣的话，当可从中发现更为丰富的学术思考，作更全面、更深入的分析和探讨。由此而言，目前的研究还只是一个起点，一个开始。当然，良好的开始，是成功的一半，游溪还年轻，学术道路还很长，相信凭她的能力和孜孜不倦的探索精神，一定会再接再厉，不断努力，在不久的将来形成更扎实、更有分量的学术成果。

这是游溪在其博士论文的原稿中进行修改后的第一部著作。作为她的导师，能见到她的博士论文付梓成书，我深感欣慰，这也是对我的一种鼓励和鞭策。在此，既对她的努力表示衷心祝贺，也寄望于她的后发之力能为学术界做出更多贡献，如此，才能如俗话所言："长江后浪推前浪，一代更比一代强。"匆匆数言，就此打住，是之为序。

金丹元

2017 年 2 月于上海家中

序　二

游溪博士毕业于上海大学，其导师为金丹元教授。在她的博士学位论文《"孤岛"气候与海派气质——"孤岛"时期艺术期刊研究（1937—1941）》即将出版之时，她希望我能替该书写一篇序言，我慨然应允。我之所以同意替她的著作撰写序言，其主要原因在于以下两个方面：其一，我曾经评阅过她的博士学位论文，并担任了其博士学位论文答辩委员会主席，对她的情况和论文的内容较为熟悉；其二，她从上海大学博士毕业后，即来到复旦大学中文博士后流动站随我进行博士后研究工作，我是她的导师。因此，基于这两方面的原因，为她的第一部专著写序也是应该的。

众所周知，在中国抗战史和上海现代史上，上海"孤岛"时期是一个特殊的历史阶段，它存在的时间是从1937年11月上海部分沦陷至1941年12月"珍珠港事件"爆发后日本侵略军进入上海英法等国控制的租界为止。由于该时期的上海法租界和苏州河以南的半个上海公共租界是日军势力未能到达由英法等国控制的区域，而其四面则是被日军侵占的沦陷区，故称为"孤岛"。

上海"孤岛"时期历时4年多，由于当时日本侵略者暂时无法占领整个上海，而公共租界当局又奉行所谓"政治中立"的政策，所以"孤岛"的政治生态环境十分特殊复杂，正如有的学者所说：在这里，"一边是革命者、爱国者前仆后继、含辛茹苦、不屈不挠的搏斗；一边是日伪势力、租界当局、国民党特工分子的迫害、告密、捣乱、绑架、暗杀、爆炸。光明和黑暗，在'孤岛'上一刻也不停地纠缠、搏斗"①。正是在这样的社会环境里，一批留守"孤岛"的文化工作者继续进行着各种文化活动和各类文艺创作，复杂的生态环境和多变的政治形势使"孤岛"的文化发展和文艺创作也呈现出驳杂多样的色彩。

就上海"孤岛"时期的艺术创作和艺术活动而言，以话剧和电影为主，辅之以戏曲、音乐、美术、曲艺、舞蹈等，其中又以话剧创作和话剧演出所取得的成就最为显著。由于当时"孤岛"各行各业都先后组织了业余剧社，由此形成了广泛的群众性话剧运动；而青鸟剧社、上海剧艺社、中法剧社、上海职业剧团等一些职业剧社也相继成立，于是，业余演出的"小剧场"和职业演出的"大剧场"相互呼应、相辅相成，话剧创作和演出活动便蓬勃开展起来了。"由于抗战爆发之初时局动荡，直到1938年，随着局势的日趋稳定，戏剧演出才开始全面复苏，因此，上海'孤岛'戏剧演出的连续时间只有三年而已，但在这三年间，共演出了超过600个剧目，演出场次超过4000场。最盛之时，'孤岛'每晚话剧演出达到了10场之多；而其中占绝大多数的，是现有的话剧史所未曾记载过的。"② 正是由于"孤岛"时期各种大小剧场的长期演出，使话剧在上海市民中有了广泛的群众基础。同时，"加上1941年以后欧美影片被禁，而控制在敌伪手中的电影又不景气，大量的电影观众转向话剧，促使了上海话剧运动的繁荣"③。在该时期创作的众多话剧剧目中，诸如《葛嫩娘》《女子公寓》《花溅泪》《夜上海》等剧目不仅受到当时广大观众的喜爱和欢迎，而且在中国现代戏剧史上有其地位和价值。

与话剧创作和演出相比，该时期电影创作和电影产业发展的情况则很复杂。由于上海成为"孤岛"后，电影界的进步力量大部分都撤离了上海，电影创作队伍锐减；再加上战火破坏和资金困难等多方

---

① 袁鹰：《长夜行人：于伶传》，上海文艺出版社1998年版，第172页。
② 胡叠：《上海孤岛时期通俗话剧的演出》，载汤逸佩、王伯男主编《文化抗战——民族危亡中的中国戏剧人》，文汇出版社2016年版。
③ 陈白尘、董健主编：《中国现代戏剧史稿》，中国戏剧出版社1989年版，第451页。

面的原因，几家主要电影公司的制片生产工作都陷入了停顿状态。
"明星公司由于战火的破坏已无力复业；'联华'后身的'华安'在
靠发行影片维持了一个短时期后也于 1938 年 6 月宣告结束；艺华公
司仅靠着发行战前拍好的几部影片支撑局面，也没有进行制片活动；
1938 年上半年，只有'新华'一家公司继续拍片。留在上海的电影
创作工作者，有的失业，有的参加话剧团体，一部分人则加入了新华
公司。"① 新华公司出于商业目的，在 1938 年拍摄生产了 18 部故事
片，其中除了根据话剧《雷雨》《日出》改编的两部影片外，其余均
为各种类型的商业娱乐片。到 1938 年下半年，艺华公司恢复了拍片；
原明星公司老板之一张石川利用设于租界的原明星公司的小摄影棚，
办起了大同摄影场，替其他小公司代拍影片；以经营金城大戏院起家
的柳中浩、柳中亮兄弟成立了国华影片公司，开始创作拍摄影片；而
拥有徐家汇原联华影业公司摄影场的吴性栽等，在结束了华安影片公
司后不久，则与他人合伙成立了华联摄影场，专门经营摄影场出租的
各项业务。此时，虽然日本侵略者也在积极进行收买上海影业的阴谋
活动，但遭到了广大进步文艺工作者的抵制和反对，使其阴谋一时无
法得逞。该时期各电影公司创作拍摄的影片以历史古装片为主，虽然
这些影片鱼龙混杂、艺术质量参差不齐，但也有一批较严肃的作品。
其中如《木兰从军》《武则天》《苏武牧羊》《李香君》《梁红玉》
《西施》《孔夫子》等，都不同程度地表达了爱国主义的思想内涵，
产生了一定的影响。在反映社会现实的各类影片中，也出现了诸如
《世界儿女》《乱世风光》以及根据同名话剧改编的《花溅泪》等一
些较好的作品，受到了广大观众的喜爱和欢迎。

　　至于"孤岛"时期戏曲、音乐、美术、曲艺、舞蹈等方面的创作
和演出情况，也各有特点，在此不逐一概述。

　　与"孤岛"时期纷繁多样的艺术创作和艺术实践活动相适应和相
呼应，该时期的艺术期刊也出现了较为繁荣发展的局面。据不完全统

---

① 程季华主编：《中国电影发展史》(2)，中国电影出版社 1981 年版，第 96 页。

计，该时期的各类电影刊物（包括特刊）有 70 多种，戏剧刊物有 30 多种，美术刊物有 4 种，音乐刊物有 14 种，综合性艺术刊物则有 20 多种。虽然这些刊物存在的时间各有长短，但它们以各种不同的内容和方式，从各种不同的角度和侧面反映了该时期艺术创作、艺术活动、艺术家生活、艺术理论批评和艺术产业发展等方面的情况，为纷繁复杂的"孤岛"艺术发展留下了真实、具体而生动的文字与图片资料。

虽然"孤岛"文学和艺术的生存环境十分特殊而复杂，但"孤岛"不孤，它和内地各个抗日根据地，以及重庆"大后方"，乃至香港和海外爱国华侨都保持着千丝万缕的联系。这些地方的各类报纸杂志常有关于"孤岛"文学和艺术发展情况的介绍与评述；而"孤岛"的各种报纸杂志，也经常刊登来自上述各地的通讯报道和作家作品，这种联系一直没有中断过。可以说，上海"孤岛"文艺是中国抗战文艺的重要组成部分。

今天，当我们要了解和研究"孤岛"时期的艺术创作等方面的情况时，因当时许多话剧演出没有留下演出实况资料，故只能通过刊物上发表的剧本、评论和剧照等资料来进行研究；而许多影片拷贝或已损坏，或已遗失，因而也只能通过刊物上发表的剧本、评论和剧照等资料来进行研究；其他艺术样式的情况也大致如此。为此，"孤岛"时期的各类艺术刊物就成为我们今天从事"孤岛"艺术研究的重要对象和主要途径，对此理应予以关注和重视。

近年来，关于"孤岛"时期文艺创作和各类报刊的研究探讨已逐步受到学术界的重视，并陆续出现了一些学术成果，其中已出版的著作有杨幼生和陈青生的《上海"孤岛"文学》[①]、胡叠的《上海孤岛话剧研究》[②]、王鹏飞的《"孤岛"文学期刊研究》[③] 等。此外，一些

---

① 杨幼生、陈青生：《上海"孤岛"文学》，上海书店 1994 年版。
② 胡叠：《上海孤岛话剧研究》，文化艺术出版社 2009 年版。
③ 王鹏飞：《"孤岛"文学期刊研究》，社会科学文献出版社 2013 年版。

刊物也曾陆续刊载过若干篇相关的学术论文。但是，迄今为止，还没有对于"孤岛"时期艺术期刊进行较全面、系统研究的学术成果问世。因此，游溪确定的博士学位论文题目《"孤岛"气候与海派气质——"孤岛"时期艺术期刊研究（1937—1941）》，其选题和内容的创新性是显而易见的。

那么，游溪为什么要以这一题目作为博士学位论文的选题呢？对此，她在论文里这样说过："之所以选择'孤岛'时期的上海艺术期刊与海派文化作为研究选题，首先是出自个人对于'孤岛'时期的艺术活动乃至整个民国时期艺术发展史一直以来的关注和兴趣。2012年3月艺术学博士招生考试的时候，艺术史与艺术批评研究这门业务考试中的最后一道论述题就是要我们写出民国时期的艺术发展与前期艺术发展史的最大区别是什么，以及我们所理解的民国艺术史是什么样的。对于这道问题的解答，也就成为本人从博士入学以来持续不断的学术研究重点。而'孤岛'时期，只有短短的四年时间，但却在整个民国时期的现代艺术发展史当中，占据着相当重要的地位；而与此不相称的是，作为一段特殊的历史时空，'孤岛'时期的艺术史和文化史研究，始终是一块短板甚至空白。所以，对'孤岛'时期艺术史和文化史进行体认心查，在一定程度上能够填补关于抗战文艺及民国艺术史研究的一个空缺。"她从自己的研究兴趣和学术积累出发，既避开一些热门话题，也避免作重复研究，而是力求使自己的研究成果能填补某些学术空白。显然，在从事学术研究时，这样的选择和做法是应该肯定的。

作者的研究宗旨是力图通过考察"孤岛"时期在上海地区出版发行的所有艺术类专业期刊（包含电影、戏剧、音乐、美术和综合类艺术期刊，以及部分报纸的副刊），来描绘出战时海派艺术的独特面貌，揭示其特有的文化内涵；注重通过"孤岛"艺术期刊这个历史文化载体，考察当时各类艺术期刊在复杂的政治、经济、社会和文化环境里，呈现出什么样的特征和风貌，在战时上海和内地产生了什么样的影响，并进一步探讨这些艺术期刊蕴含着什么样的历史镜像和人文意义。同时，也注重探讨了"孤岛"艺术期刊与海派文化之间的关系，着力发掘当时以艺术期刊为主要表现形态之一的海派文化是如何以个人情怀来书写集体记忆的，海派文化的发展又呈现出什么样的形态和风格。

为此，作者花费了很多时间在上海图书馆等处查阅了大量该时期的艺术期刊，在积累了丰富资料的基础上，通过潜心研究和深入探讨，形成了一些自己的观点和看法。作者在著作中既概述了"孤岛"艺术期刊的生发环境、发展状态和演变历程，又注重对"孤岛"艺术期刊的类型特征、海派文化与"孤岛"艺术期刊之间的关系、"孤岛"艺术期刊的现代性审美特征及其对于都市的现代性文化建构、"孤岛"艺术期刊的商业诉求、"孤岛"艺术期刊的价值取向与海派文化的曲折发展等进行了较深入、细致的论析；同时，还阐述了"孤岛"艺术期刊的价值与地位，及其对中国艺术史的构建等。从总体上看，该著作资料翔实、结构清楚、论证较充分，较好地表达了作者的见解与评价。可以说，该著作的出版弥补了国内外学术界对于上海"孤岛"时期艺术刊物、艺术史和海派文化等研究的不足。在该著作正式出版之前，作者又根据博士学位论文答辩时各位专家学者提出的意见和建议进行了一些修改和补充，使之更趋于完善。

游溪在复旦大学中文博士后流动站所从事的科研项目，仍是中国当代期刊史研究。由于有了"孤岛"时期艺术期刊研究的经验，并掌握了期刊史研究的基本方法，故而她所从事的新科研项目的研究工作应该更加顺利。因此，在祝贺她的博士学位论文正式出版的同时，也预祝她的博士后研究报告能有较高的质量，并能获得各位专家学者的好评。

作为一名有志于长期从事学术研究的青年学者，游溪虽然已经取得了一定的成绩，有了一个良好的开端，但是，其未来的学术道路还很长，在学术研究领域还有许多难关需要攻克，所以仍需继续努力。傅雷先生曾说："唯有艺术和学问从来不辜负人：花多少劳力，用多少苦功，拿出多少忠诚和热情，就得到多少收获与进步。"[1] 此言甚是。我相信游溪一定能再接再厉，以坚忍不拔的刻苦努力，在学术研究等方面取得更大的成绩。

是为序。

周 斌

2017 年 4 月 26 日于兰花教师公寓

---

[1] 《傅雷家书》（增补本），生活·读书·新知三联书店 1990 年版，第 336 页。

目　录

前言 ……………………………………………………………（1）

第一章　"孤岛"艺术期刊与海派文化概述 …………………（1）

第一节　"孤岛气候"："孤岛"艺术期刊的生发

环境 ……………………………………………（1）

一　复杂的权力斗争 …………………………………（4）

二　畸形的社会繁荣 …………………………………（7）

三　特殊的艺术场域 …………………………………（12）

第二节　"异彩纷呈"："孤岛"艺术期刊的发展

状态 ……………………………………………（17）

一　"彼刻彼岸"与"此时此地" …………………（17）

二　"孤岛"艺术期刊的演变历程 …………………（22）

三　"孤岛"艺术期刊的类型特征 …………………（26）

第三节　"一脉相承"：海派文化与"孤岛"艺术

期刊 ……………………………………………（31）

一　海派文化语境下的"孤岛"文学期刊与艺术期刊 ……（31）

二　"孤岛"气候对海派文化的渗透和影响 …………（35）

三　海派文化与"孤岛"艺术期刊的互文性 …………（39）

第二章　文本·理论·想象：从"孤岛"艺术期刊看海派

文化的现代性回响 ………………………………（44）

第一节　文本分析："孤岛"艺术期刊的现代性审美

特征 ……………………………………………（44）

一 高雅与通俗并行的现代白话文 ·············· (45)

二 经典形式与带趣味美感的图片 ·············· (51)

第二节 理论智识:"孤岛"海派文化的现代性艺术
启蒙 ······································· (57)

一 "孤岛"艺术期刊中对于各门类艺术的理论探讨 ······ (58)

二 从社会异化面向身份求索:海派艺术的文化自觉与
艺术家的身份探寻 ····················· (62)

三 特殊历史空间下海派艺术理论自身发展的契合
与背离 ······························· (66)

第三节 社会想象:艺术期刊对于都市的现代性文化
建构 ······································· (70)

一 宣扬女性解放、恋爱自由、民主平等的启蒙思想 ······ (71)

二 战争时期强调都市"现代性"文化的特殊意味 ········ (75)

第三章 娱乐·空间·市民:重商的海派文化与"孤岛"的
娱乐性艺术期刊 ··························· (80)

第一节 "孤岛"艺术期刊的商业诉求 ··············· (81)

一 "生意眼"的突出强调 ····················· (81)

二 对明星的娱乐性消费 ····················· (84)

三 迎合大众的代偿心理 ····················· (89)

第二节 "孤岛"娱乐空间与海派都市文化 ··············· (92)

一 "孤岛"娱乐空间的形成和发展 ··············· (93)

二 对女性身体的消费成为都市生活的标志 ········ (96)

三 期刊广告与"孤岛"消费文化 ··············· (100)

第三节 娱乐期刊对市民社会的建构与塑造 ··············· (103)

一 市民阶层的审美心态与海派文化 ··············· (104)

二 冲突与妥协:海派文化塑造的战时娱乐空间 ········ (109)

第四章 隐晦中砥砺:"孤岛"艺术期刊的价值取向与海派
文化的曲折发展 ··························· (113)

第一节 孤岛不孤:艺术期刊多元化的创办理念 ··········· (113)

　　　一　抗日救亡的思想宣传 ………………………………（114）

　　　二　艺术精英的文化坚守 ………………………………（121）

　　　三　消解苦闷的精神慰藉 ………………………………（125）

　　第二节　隐晦表达：海派文化与期刊的生存智慧…………（129）

　　　一　规避敏感话题的现实影射 …………………………（130）

　　　二　战时民族立场的隐喻表达 …………………………（133）

　　第三节　曲折发展：海派文化的救赎与拓展之路…………（136）

　　　一　"京海之争"背景下的海派艺术特征与发展之路 ……（137）

　　　二　从"孤岛"艺术期刊管窥海派文化的救赎与

　　　　　拓展 …………………………………………………（140）

结语　对于"孤岛"艺术期刊的总体评价………………………（145）

　　　一　对"孤岛"艺术期刊价值与地位的分析 ……………（145）

　　　二　"孤岛"艺术期刊对中国艺术史的构建 ……………（148）

附录　"孤岛"时期艺术期刊汇总表 …………………………（154）

参考文献 ………………………………………………………（162）

后　记 …………………………………………………………（173）

前　言

一　研究缘起

随着时代的进步和教育的发展，艺术学这门学科的发达程度已经成为衡量一个国家和地区的文化竞争力强弱的标准之一。21 世纪是一个重视艺术创作和审美教育的时代，虽然我国每年培养出的艺术人才济济，但有一个突出的问题，即对于艺术史论缺乏客观、全面和深入的研究。因此，对于那些不被重视乃至被无意或有意忽略或遗忘掉的艺术史和文化史进行重新挖掘与阐释，就显得尤为重要了。古人言："文变染乎世情，兴废系乎时序。"① 那么可以说，一个时代有一个时代的文学作品和文学理论，一个时代也有一个时代的艺术思潮与艺术史论。钱理群先生认为，"一切在历史上出现过的文学现象，都有它存在的理由与不同程度的研究价值"②。同理而言，那些所有在历史上发生过的艺术形态，也都有它存在的独特理由和研究价值。而在以往艺术史的研究上，"孤岛"时期的艺术研究一直是被忽略甚至被扭曲丑化的。其中很大一部分原因在于，在过去的很长一段时间内，它所植根的特定历史背景和社会语境却恰恰是以前整个传统观念所拒绝考察的。

之所以选择"孤岛"时期的上海艺术期刊与海派文化作为研究选

---

① 袁济喜、陈建农：《〈文心雕龙〉解读》，中国人民大学出版社 2008 年版，第 326 页。

② 钱理群：《反观与重构——文学史的研究与写作》，上海教育出版社 2000 年版，第 5 页。

题，基于以下四个原因。

第一，是出自个人对于"孤岛"时期的艺术活动乃至整个民国时期艺术发展史一直以来的关注和兴趣。2012年3月艺术学博士招生考试的时候，艺术史与艺术批评研究这门业务考试中的最后一道论述题就是要我们写出"民国时期的艺术发展与前期艺术发展史的最大区别是什么"，以及我们所理解的民国艺术史是什么样的。对于这道问题的解答，也就成了笔者从博士入学以来持续不断的学术研究重点。而"孤岛"时期，只有短短的四年时间，但却在整个民国时期的现代艺术发展史当中，占据着相当重要的地位；而与此不相称的是，作为一段特殊的历史时空，"孤岛"时期在艺术史和文化史的研究，始终是一块短板甚至空白。所以，对"孤岛"时期艺术史和文化史进行体认心查，在一定程度上能够填补关于抗战文艺及民国艺术史研究的一个空缺。

第二，一直在夹缝中求生存的"孤岛"艺术，其诡奇多姿的表现形态也使得自始至终处于动态发展进程中的海派艺术，呈现出独特而丰富的面貌，因而，通过当时的艺术期刊，了解上海"孤岛"时期的艺术及艺术理论是如何在尖锐复杂的矛盾斗争中产生和发展起来的，解读它和同一时期其他地区的文化活动呈现出什么样迥然的驳杂景观，这样既可以使我们重新梳理特殊历史空间下的海派艺术的发展态势，也可以促使我们去思考艺术与战争、文化与政治、都市现代性与革命现代性及殖民现代性等相关命题。

第三，针对于以往遵循艺术创作及艺术研究应服务于政治的传统批评模式，将"孤岛"时期艺术视之为畸形繁荣的"恶之花"，这样的艺术史观不仅暴露出之前一些学术研究的局限性，而且不免会产生误导现在人对于历史上出现的文化艺术现象做出非正即反的、二元对立化的判断的流弊。因此，当下学者有责任也有必要重塑一个较为客观、理性的唯物主义历史观，使人们更好地去认识、解释产生人类文化文本的社会历史。所以说，"真正的解释使注意力回到历史本身，即回到作品的历史，也回到评论家的历史环境"①。

第四，从传播学和艺术发展史的角度而言，由于多种媒介要素在艺术期刊中保持着水乳交融、互动互融的关系，艺术刊物本身就应该作为一种研究本体，受到越来越多人的关注。正如我们所知，艺术期刊是依附于当时各个门类艺术的蓬勃发展而逐渐走向成熟的，现如今，民国时期的老期刊不但拥有比较高的收藏和观赏价值，同时还在历史研究和学术研究方面，具有非常高的作用和价值。但遗憾的是，到目前为止，还没有哪位学者选择"孤岛"时期的上海艺术期刊作为主要研究的选题，但谁也无法否认，艺术刊物在艺术研究中的巨大作用和特殊地位，因此，对"孤岛"时期艺术期刊进行发掘与整理，显然具有极其重要的现实参考意义和学术研究价值。

二　研究对象

现如今的历史研究，除了采取田野考察和利用技术手段，大多数还是直接依赖于能在文献中查到的文字资料。原始的文件资料包括人物传记、新闻档案、宣传资料、私人通信、个人见闻以及出版物等。其中，新式的期刊出版物因其独特的历史价值，而逐渐成为历史学家研究的重点。如果说现存的艺术作品，如电影、雕塑、音乐、绘画作品、摄影图片等，是"活的"历史文化资料的话，那么，作为这些艺术品延伸媒介的艺术杂志，就称得上是与社会历史构建起文化肌理的反射镜与透视窗，铭刻着特殊年间某座城市特有的时代印记。本项研究做的是通过考察关于"孤岛"时期在上海地区出版发行的，除文学期刊以外的所有艺术类专业期刊（包含电影、戏剧、音乐、美术及综合类艺术期刊，不包括报纸，但会涉及部分报纸的副刊），来挖掘出海派艺术文化的另一面貌和特有内涵。

首先，关于"孤岛"这个概念的解释。"孤岛"是一个时空复合

---

① ［美］弗·詹姆逊：《评论之评论》，转引自陆梅林《西方马克思主义美学文选》，漓江出版社 1998 年版，第 747 页。

概念，从时间上来讲，是指以 1937 年 11 月 12 日，国民党军队在"八·一三"淞沪会战后战败，从上海撤退为起始点，以 1941 年 12 月 8 日太平洋战争爆发后，日军占领整个上海为终点。从地理空间角度上来看，"在日军的包围下，租界变成了孤岛。孤岛的范围是：东至黄浦江，西达法华路（今新华路）、大西路（今延安西路），南抵民国路（今人民路），北临苏州河。自 1937 年 11 月 12 日淞沪抗战结束，到 1941 年 12 月 8 日日军占领租界，孤岛共存在了四年零二十七天"①。所以说，"孤岛"既有时间概念，又指涉空间地理观念。

其次，对于"孤岛"时期艺术期刊的界定。第一点，关于期刊的概念辨析。期刊，顾名思义，是指"包括杂志在内的，有固定名称、每期版式基本相同、定期或不定期的连续出版物。它的外延要大于杂志、报刊，它的内容也一般是围绕某一主题、某一学科或者某一研究对象，由多位作者的多篇文章编辑而成，用卷、期或年、月顺序编号而出版发行"②。第二点，本项研究所涉猎的范围，就是围绕 1937 年 11 月 12 日到 1941 年 12 月 8 日这一时间段之中，在不到 30 平方公里的英美租界和法租界组成的"孤岛"之内，出版发行的除纯文学作品以外的所有艺术类刊物。这是因为，随着近几年来艺术学逐渐从文学学科中独立出来，被提升为国家一级学科之后，本项研究把文学期刊排除在外，也恰是要从本质上把艺术史的研究同文学史的研究区别开来，解决与文学等其他学科混淆的问题，以期能够更好地促进艺术学科的独立发展。第三点，重新审视"孤岛"时期在上海具有较大影响力的艺术发行刊物，并通过做出一份翔实的期刊汇总表与数据统计表，梳理"孤岛"时期影坛、剧坛、画坛、曲坛等艺术界的演进史及发展规律，描摹出当时艺术活动及娱乐业发展态势，发掘其特殊年间关于上海这座城市的时代印记。

最后，针对于有关海派文化的定义辨析。众所周知，关于"海派

---

① 刘惠吾主编：《上海近代史》（下），华东师范大学出版社 1987 年版，第 348 页。
② 互动百科：《期刊》（http://www.baike.com/wiki/%E6%9C%9F%E5%88%8A）。

文化"产生过无数次的争论，历经有一百多年的历史，时至今日，我们也尚未能完全厘清海派文化的确定性内涵和定义。值得庆幸的是，通过诸位前辈专家学者的解读与论证，我们可以对海派文化有一个较为明晰的共同认知，也即海派文化区别于京派文化的最基本的特点，总结为几个关键词，那就是"商业化""现代性""开放性""市民化/通俗化"等一系列多元动态化的品格。本书的海派文化研究只是宏观海派文化研究的一个小分支，或者说是一个小部分，本项研究只考察"孤岛"气候是如何对海派"气质"进行渗透的，以及对海派文化的影响。因此，在"海京""海陆""城乡"等双元对立的语境中来定义海派文化是一个较为稳妥的模式。因为"人类的精神思想是在城市环境中逐渐成形的，反过来，城市的形式又限定着人类的精神思想"[1]。虽然上海"孤岛"文化并不是海派文化的全部，但是对上海"孤岛"艺术和都市文化的研究，却能够很好地阐释海派文化的内涵和外延。而对"孤岛"时期艺术期刊展开研究，通过这些艺术期刊里刊载呈现的艺术理论及现象，也许我们可以试图去勾勒出当时的海派文化的现代性话语发展与转变的清晰线索。

三　研究现状

大部分专家学者比较认同的历史研究方法是，关于近现代史学的首要研究任务即是"考今"，就是用现代的思想来解释和评判过去的历史，并指出其在今天的价值和意义。"现代史学则以'考古'为方法，而以'考今'为目的，所以说'一切真的历史都是现代的历史'。"[2]受这一思想的影响，对于"孤岛"时期艺术与海派文化的研究现状，中国大陆及港台学者的很多著述和观点都是与时俱进的，大致经历了从总结性的研究到政治化的研究，再到现代性的研究这样一个过程。

---

① ［美］刘易斯·芒福德：《城市文化》，宋俊岭等译，中国建筑工业出版社 2009 年版，第 4 页。

② 朱谦之：《朱谦之文集·考今》，中山大学出版社 2004 年版，第 55 页。

第一个阶段，1938 年到新中国成立之前，"孤岛"时期各项艺术活动发生后，一些批评家、理论家对整个"孤岛"艺术界进行了扫描性的总结。例如，由龚天一、丁聪等人编辑的《新华画报》，"其中几乎每期都设置的《国片年谱》《电影史料》和《每月情报》等专栏，保留了'孤岛'时期影坛的大量史料，铭刻着特殊年间关于上海这座城市的时代印记"①；另有《剧场艺术》期刊设立的《孤岛戏剧浪花报道》等与此相似；还有上海艺术学会编辑出版的《上海艺术月刊》《美术界》② 等刊物上的《略谈上海洋画界》《美术界动态》等固定专栏。与此同时，还有很多带有评论性质的总结"孤岛"时期艺术界动态的文章，诸如杨真的《一年来的上海出版界》、欧阳予倩的《一年来戏剧运动的展望》、钱筎的《一年来的戏剧电影》、夏衍的《过去一年间的戏剧战线》等。关于上海"孤岛"艺术与海派文化的研究依旧沿袭了 20 世纪 30 年代之初的"京派海派之争"，对"海派"的认知大体上还是持批判、否定、贬低或排斥的态度。比较有代表的评论是《立言画刊》上的《京朝派与海派：由贾福棠口中听到的打金砖》与《京派海派》，《戏迷传》上刊登的《海上有关戏剧的一切》以及《艺海周刊》上刊登的《海派之弱点》等，凡此种种，不胜枚举。

第二个阶段，即 1949 年新中国成立以后直到 20 世纪八九十年代之前的这一段时期。"政工派"注重政治先于艺术、艺术需要服务于政治的立场，普遍影响到学术研究界，当时的各门类艺术史学也持类似的观念。比如，诞生于 20 世纪 60 年代，由程季华主编的《中国电影发展史》，称得上是迄今为止对于中国电影史的研究影响最为深远的著作了。该部著作基本上都是按照时间发展的顺序以及不同地区的

---

① 游溪：《管窥〈新华画报〉中的孤岛电影与理论表达》，《美与时代》2014 年第 6 期，第 117 页。

② 1939 年 9 月 10 日，《美术界》杂志在上海创刊。旨在发动美术界人士投身抗战，培养美术人才，反映各地进步美术活动情况。《美术界》共出 3 期。1940 年 3 月 20 日，因编辑人员离开上海或从事其他工作而停刊。

电影来划分写作的,引用的电影资料之翔实着实令人赞叹,可以说全书即是一部厚重的影片史。《中国电影发展史》的主体部分主要论述和重点分析的是左翼电影作品及运动,当然也包括一些必要的电影历史事件,但是对于"孤岛"时期的电影(除了部分左翼影片之外),则大部分都持较为激烈的否定批判态度,这些无不体现出鲜明的意识形态的批判色彩。对于1937—1941年这四年间的"孤岛"电影发展的整体状况和同时期上海多家电影公司的作品,只是一笔带过,这就使得该部著作在完善电影史的整体性方面,具有一定的缺陷。当然,诸如此类的还有1989年中国戏剧出版社出版的由陈白尘、董健主编的《中国现代戏剧史稿》,在第六章中对"孤岛"时期的话剧做出了以下评论:"其一,孤岛话剧的主要力量是由共产党的地下组织所直接领导的上海剧艺社……在几百万人口的上海广大市民中,已经牢牢地取得了自己的地位……其二,在孤岛,由于受市侩主义影响,为了营利,出现了种种低级、庸俗、油滑、恶劣的创作和演出,将艺术当成商品,大饱私囊。这是戏剧的贫困和堕落。"① 因此,政治化的研究对于"孤岛"艺术所作的多是一些"唯一化"的区分和批判,对不符合左翼评判标准的"孤岛"艺术进行了遮蔽、遗忘和批判。而中国台湾1986年出版的《中国话剧史》一书,在谈到孤岛时期的话剧演出时,和中国大陆研究者所持的观点也大致相同,没有将当时的很多大型商业娱乐剧场的演出活动纳入记载当中,可以说,这也是一种对戏剧功能认识的偏颇,其理论的深度和广度都比较薄弱。

第三阶段,也即为20世纪八九十年代之后,尤其是进入21世纪以来,这一时期的著述最为丰富,主要以现代性的学理研究为主。比如电影艺术方面:针对于因为侧重某一类型的电影从而遮蔽掉了中国电影史的整体面貌,以及有感于在战争的特殊时期对于除左翼电影之外的电影在评价上的偏差,很多电影研究的学者提出了"重写电影

———————————

① 陈白尘、董健:《中国现代戏剧史稿》,中国戏剧出版社1989年版,第446—450页。

史"的主张，这就出现了陈犀禾等学者编著的《重写电影史：向前辈致敬——〈中国电影发展史〉出版50周年学术研讨会论文集》，等等。而在重新梳理中国电影的民族性和类型化方面的专著则有：北京大学艺术学院教授李道新的《中国电影批评史1897—2000》《中国电影史：1937—1945》《中国电影文化史1905—2004》，中国艺术研究院的学者丁亚平的专著《影像中国1945—1949》、周星的《中国电影艺术史》、倪骏的《中国电影史》以及华人学者傅葆石的《灰色上海，1937—1945：中国文人的隐退、反抗与合作》《双城故事：中国早期电影的文化政治》，等等。而在戏剧研究方面则有：胡叠博士的《上海孤岛话剧研究》、李涛博士的《大众文化语境下的上海职业话剧（1937—1945）》、邵迎建的《上海抗战时期的话剧》等专著，从大众文化的维度来对孤岛时期的戏剧艺术进行客观而公允的重新研究，是很有必要和反思意义的。当然，更有一些论文，例如，朱敏彦的《抗日战争时期上海文化发展论析》、黄志雄的《上海孤岛文艺期刊》、王素萍的《从电影期刊演变中探讨四十年代电影》、来平的《战时上海大众娱乐研究1937—1945》、李超的《孤岛美术的融合之路》、于琦的《二十世纪前期（1904—1949）戏曲期刊与戏曲理论批评》、陈星星的《抗战时期上海电影研究（1937—1945）》、陈江的《抗战时期的上海期刊》，等等。这些论文都是以较为翔实的史料为基础，对"孤岛"艺术做出的关于文化与现代性的深入研究。而由上海海派文化研究中心编著的《海派文化丛书》① 等，从文化研究的角度比较全面地研究了上海文学、海派小说、海派电影、海派戏剧、海派园林等诸多艺术方面，丰富发展了对于海派文化的研究，但遗憾

---

① 《海派文化丛书》是由文汇出版社出版的33卷近700万字的大型丛书。这套丛书由沪上40多位专家、学者、记者和著名作家联袂撰写，历时5年，曾得到王元化、徐中玉、钱谷融等前辈领衔指导，集中了上海知识界、文化界的集体智慧，是国内第一套对海派文化进行多角度、全景式扫描的系统性文化工程。《海派文化丛书》由上海海派文化研究中心主任李伦新主编。这套丛书涉及上海的民俗、历史、书画、建筑、金融、风尚等方面，以散文化、纪实性的写作风格，叙述了上海开埠以来的各种独特文化形态。

的是，对于深化"孤岛"时期海派艺术文化的整理与研究尚未全面和成熟。

可以看出，就目前掌握的关于"孤岛"艺术与海派文化的研究资料来看，此前学术界很多相关文献的研究，是从电影学、戏剧学、音乐学、美术学等各门类艺术史的角度出发，分析并探求其自身专业艺术门类的发展，至多涉及对其专门艺术印刷媒介的研究。然而，面对"孤岛"时期的艺术期刊研究，在整个近现代艺术史及海派文化研究均呈现出失语状态。那么，艺术期刊，作为现代印刷媒介的一个重要组成部分，由于其凝聚着当时所处时代的深厚烙印，应当受到越来越多人的关注和重视，并应该被人进行不断的赏识和深入的挖掘。

四　研究方法

本书的难点在于收集和整理"孤岛"时期浩如烟海而又极其零散杂乱的史料，由于本书涉及的艺术刊物门类众多，除了文学刊物不在研究范围内，其他包括电影、戏剧、音乐、美术及综合多个门类艺术的期刊共有近两百种，而且每一种期刊的卷数乃至期数都至少超过一本，有的发行时间甚至长达四年之久，其数量之多、范围之广，都需要具备极强的查阅耐力、宏观把握能力及文字提炼和概括能力。当然还有一些期刊在战火中焚毁或是散佚了，这就为搜集、填补、翻查工作又增加了极大的难度。因而，在研究视角与方法上，本书试图将历史研究、文化分析与传播学结合起来，深入分析"孤岛"时期艺术期刊的美学风格与文化表征意义，探讨艺术刊物上所汇聚的理论形态，发掘其在特殊时期与当时海派文化的构建关系。

恩格斯曾在《致约·布洛赫的信》一文中写道："历史是这样创造的，最终的结果是从许多单个的意志的相互冲突中产生出来的，而其中每一个意志，又是由于许多特殊的生活条件，才成为它所成为的那样。这样就有无数交错的力量，有无数个力的平行四边形，而由此就产生出一个结果，即历史事变，这个结果可以看作一个作为整体的，不自觉地和不自主地起作用的力量的产物。因为任何一个人的愿望都会受到任何一个人的妨碍，而最后出现的结果就是谁都没有希望过的事物。"① 艺术史的研究不仅仅要研究艺术本身，更重要的还在于挖掘艺术背后的"无数个力的平行四边形"，也即透过艺术史的大致轮廓发现其后隐藏着的"无数交错的力量"。英国历史学家卡尔也认为："科学家、社会科学家和历史学家都在从事同样的研究，只不过是在不同的分支上：研究人和他所处的环境、研究人对他所处环境的影响和他所处环境对人的影响。研究的目标是相同的：都是增加人对他所处环境的认识和掌控。"② 处在当时极端恶劣、极端复杂的社会环境之中，"孤岛"艺术期刊是如何生存下来并参与到构建社会文化的作用中去的，这都是需要研究的重点和难点。因为艺术期刊作为一种推广文化和意识形态的有力工具，它的传播同样影响当时人们的审美取向、道德观，甚至是建构着宏大的价值观体系。因此，将艺术期刊作为社会文本，来研究艺术刊物与海派文化、上海都市文化之间这种水乳交融、循环往复、纷繁多元的互动关系，是一种科学可行的方法。当然，除了翻阅"孤岛"艺术文献，还需要结合田野考察的口述史，考察当时的政治发展史、社会发展史、经济发展史等多重维度，从而才能更深入地了解这段历史时期的艺术与文化。

在搜寻到资料与档案之后，本项研究即可开始于一系列的特定的问题，即"孤岛"气候是如何对海派"气质"进行渗透的，"孤岛"艺术期刊有着什么样的价值取向和理论表达，"孤岛"艺术期刊的发行对海派文化究竟起到了一个什么样的影响，"孤岛"艺术与海派文化，都市空间是如何产生互动的。据此，沿袭文化分析的思路，综合运用现代性理论、文化认同理论、都市空间等理论去观照"孤岛"时期的艺术期刊与海派文化。迈克·克朗认为，文化地理学"不仅研

---

① 中共中央马克思、恩格斯、列宁、斯大林著作编译局：《马克思恩格斯选集》第四卷，人民出版社1972年版，第477页。

② ［英］卡尔：《历史是什么？》，陈恒译，商务印书馆2008年版，第86页。

究文化在不同地域空间的分布情况，同时也是研究文化是如何赋予空间以意义的"①。同时，通过援引列斐伏尔、迈克·布朗、爱德华·索亚等学者对于文化艺术与城市空间的表述，我们知道，空间是一种凝聚了"主体性与客体性、抽象与具体、真实与想象、可知与不可知、重复与差异、精神与肉体、意识与无意识"②的存在。可见，艺术与都市、文化三者相互生产。布尔迪尔还把"艺术家或作家"，笼统地称为知识分子，也即"在一个特定的场内占统治地位的那些人，占据的就是一个能使这个场朝着有利于他们的方向发展的这样一个位置，但他们必须始终同来自被统治者的'政治的'或其他方面的抵制、要求、竞争进行斗争。……只有当人们开始反叛、抵抗、有所行动，历史才存在"③。可以说，"孤岛"复杂的政治环境催生出了特殊的艺术场域，艺术期刊寻求合法性、自主化以及艺术自律的方式，也与海派文化在当时的发展不谋而合。

此外，作为大众传播媒介的一种主要表现形态，艺术期刊以其独特的创办理念和传播策略，获得了大批固定的读者受众。尤其"孤岛"艺术期刊利用各类相关传播要素间的互通互融，在艺术杂志的传播形式中，得到了繁荣蓬勃的发展。因而，从大众传播学的理论出发，对"孤岛"艺术期刊各要素进行科学研究。以美国政治学家哈罗德·拉斯韦尔的《社会传播的结构与功能》一文为主，将他首次提出的构成传播过程的五个环节和要素——传播者、传播内容、传播媒介、受传者、传播效果提了出来，也即形成了后来学者所谓的"五W模式"④作为研究思路。也正因为无论是哪一种类的传播形式都必

---

① ［英］迈克·克朗：《文化地理学》，杨淑华、宋慧敏译，南京大学出版社 2003 年版，第 3 页。

② ［美］爱德华·索亚：《第三空间：去往洛杉矶和其他真实和想象地方的旅程》，陆扬等译，上海教育出版社 2005 年版，第 13 页。

③ ［法］布尔迪厄：《文化资本和社会炼金术》，包亚明译，上海人民出版社 1997 年版，第 148 页。

④ Lasswell Harold D, *The Structure and Function of Communication in Society*, New York: The Communication of Ideas, Harper and Brothers, 1948.

须包含这五个基本要素,因而迄今为止,"五W模式"仍然是被认作传播媒介过程的经典模式,视为传播学研究的基本理论之一。本书将援用这一理论模式,旨在系统分析"孤岛"时期艺术期刊的传播与海派文化的发展之间的关系。

五 研究内容

本项研究即是从历史分析学的视角出发,运用文化研究、大众传播学的相关理论和方法,完整而系统地对"孤岛"时期的艺术期刊进行研究,既要对其展开静态的解读阐释,又要将其放置于时代背景与社会环境下进行动态的分析考察。从而,力求在之前诸位学者的各种零散研究的基础上进行资源的互动与整合,并且有所突破和创新。

第一章主要论述"孤岛"艺术期刊生成的社会历史环境。通过结合"孤岛"艺术期刊产生的政治背景、经济环境与社会环境,来对异彩纷呈的各类艺术期刊进行一个总体性的态势扫描。深入挖掘史料,可以考察出淞沪会战战败之后,上海的公共租界和法租界沦为"孤岛"以降,租界当局有同情中国抗日爱国活动的一面,也有唯恐得罪日军,有对"孤岛"抗日爱国活动进行阻挠、压制的另一面。在这样复杂的生存语境当中,"孤岛"特殊的气候使得期间产生的艺术期刊与"孤岛"之前及"孤岛"之外的艺术期刊有着很大的不同,这和海派文化既密切相关,又相互影响。

第二章主要论述"孤岛"艺术期刊的现代性特质与海派文化之间的关系。首先,将期刊中的图片所呈现的经典构图、形式美感以及现代白话文的趣味性作为切入点,来分析孤岛时期艺术期刊的审美风格。其次,通过以现代启蒙与理论智识诉求为主的艺术期刊,透过这各类艺术期刊里看似杂乱无章的智识图景,努力找到一些规律性的东西,从而能够勾勒出现代性艺术理论话语发展的清晰线索,以此来研究"孤岛"时期的艺术理论以及当时宣扬女性解放、恋爱自由、民主平等具有现代启蒙意义的海派文化。最后,发掘出"孤岛"艺术期刊与海派文化的现代开放性特征。当时的艺术家"对于国外理论方面，知识性的介绍多于理性方面的介绍和引进，知识性普及多于理性分析和自我创新，在思辨性、本体性、系统性、哲理性等方面，与西方艺术理论界还存在着相当大的差距。但在如此困境之中，他们所提出的有些'革命性'主张和建议对于艺术创作无疑是有益的，对于处在战争苦闷环境的社会大众来说也具有一定的启蒙与教育作用，尤其是给当时的上海市民带来了关于艺术的启蒙知识以及新的民族希望与想象"①。

第三章重点论述"孤岛"时期艺术期刊的娱乐消费性与海派文化的商业化特征。例如，很多电影期刊在"每一期几乎都占用大量篇幅来介绍、推广某电影公司拍摄的新片和培养的明星，主要包括剧本作品（本事）、演员剧照、主题歌谱、相关影评及电影海报等。还时常发表以强调'生意眼'为宗旨的评论性文章。同时，大多期刊几乎都会登有相当数量的明星照片，而主要内容无一例外地都是一些关于明星的个人简介、演艺动态、生活琐事以及八卦绯闻"②，极大地满足了普通市民的好奇心理与代偿心理。尽管上海沦为"孤岛"，但商业仍然畸形发展，租界因殖民主义者带来的资产阶级式的享乐生活方式与海派文化影响下的上海市民观念相契合，又同南方商人原有的娱乐消费观念相适应，其在"孤岛"这样的复杂背景下，因而电影、戏剧等艺术期刊的消费在"孤岛"苦难的生活中有了更大的需求。

第四章主要论述"孤岛"艺术期刊多元化的创办风格、兼容性的价值取向与海派文化的动态发展。从整体上看，"孤岛"时期的艺术期刊在其发展过程中，既有曲折坚守抗日救亡的办刊理念，又有以发表艺术理论为主的传播策略，也有为迎合市民娱乐需求的消遣替代品，从而形成了一个独立于"大后方"或"根据地"主流意识形态之外的文化空间。当时的艺术期刊为上海这座既有老城厢又有外国租

---

① 金丹元、游溪：《上海早期电影理论与城市文化建构——论上海早期电影理论的演进及对当下的启示》，《上海大学学报》（社会科学版）2013 年 1 月第 30 卷第 1 期。

② 游溪：《管窥〈新华画报〉中的孤岛电影与理论表达》，《美与时代》2014 年第 6 期，第 117 页。

界，既传承着民族、民俗文化，又不断涌进大量西方意识的都市，在海派都市文化的构建和人的心理、人的审美趣味的转向上潜移默化地起到了逐步渗透和推进现代性的黏合作用。本章着重从历史分析转向话语分析，解读艺术期刊创办和出版背后的话语力量与新的秩序，从而勾勒出一条海派文化动态化的演变轨迹。最后通过梳理艺术期刊和海派文化之间的互动与整合关系，重树"孤岛"艺术期刊在整个艺术史当中的地位及意义，并说明其对当下艺术期刊的创办借鉴和启示作用。

通过上述研究，笔者将对"孤岛"艺术期刊和海派文化的内在关联，进行深入的阐释和辨析，以期能够填补关于"孤岛"时期艺术期刊整体的、专门的、系统性研究的空白，揭示出海派文化的重要特质与发展规律，发掘出战争时期上海居民所处空间和集体记忆的"地方"性城市文化呈现。

第一章

"孤岛"艺术期刊与海派文化概述

　　上海这座城市,自 1843 年正式开埠①以来,就逐渐成了整个中华大地的现代化文明发祥地。尤其是 1927—1937 年,这段时期后来被很多人称为上海滩的"黄金十年"。因为那时候的上海,因其独特的租界背景和地理资源,用海纳百川的姿态,吸引着来自全国各地的移民;以开放包容的胸怀,传播着世界各国的声音;凭借得天独厚的优势,创造着上海都市的繁荣。但是,随着抗日战争的爆发,上海逐渐从一座摩登的海滩之城演变成了一个处在夹缝中生存的战乱"孤岛"。在炮火纷飞的恶劣环境下,大批艺术家、知识分子逃离上海,同时,大部分出版公司也纷纷被迫停业,大量刊物更是在无情的战火中遗失散佚或停止办刊了。上海滩曾经兴盛一时的、以电影杂志为代表的艺术类期刊发行,开始呈现出一片凋零局面。然而,随着"孤岛"空间的逐渐形成,在当时那样一个特殊而复杂的社会背景之中,仍然有一部分人选择了留在上海坚守阵地,在黑暗中苦苦地摸索、探寻着生存之路。

第一节 "孤岛气候":"孤岛"
艺术期刊的生发环境

　　1937 年 11 月 12 日凌晨,国民党军队在持续了近三个月之久的淞

---

　　① 清朝政府于 1843 年 11 月 17 日,根据《南京条约》和《中英五口通商章程》把上海作为通商口岸之一,至此,上海正式开埠。

沪会战中失利战败，随即撤军西去，之后，上海除英美、法租界以外的全部地区均被日军占领。而上海市中心毗连的属于英美和法国势力范围的两个租界，因为日军碍于当时西方各国列强在上海租界地段之上的错综复杂的权益，所以暂且没有实施军事占领，只是派遣军队自西向东画圈式地在租界地区进行了"胜利示威行军"①，并将两大租界严严实实包围了起来。② 原来的英美租界和法租界（如图1.1所示③）地理范围被日军包围后明显地缩小了一半以上。④ 据此，自那时起至1941年12月8日太平洋战争爆发，"东至黄浦江，西达法华路（今新华路）、大西路（今延安西路），南抵民国路（今人民路），北临苏州河"⑤ 的英美租界（公共租界）和法租界，而这两个合起来不超过30平方公里的区域，就成了名副其实的"孤岛"（如图1.2所示）。

在日军占领上海的第二天，也即1937年11月13日的上午，英美公共租界的工部局总董樊克令（C. S. Franklin）就代表租界当局公开宣称："工部局保持中立态度，在中日战争中不偏袒任何一方，对双方在租界内的权益一视同仁，租界的行政权没有变化。"⑥ 可见，租界当局以维持中立的立场来指责日本方面野蛮的战争行径，并频频以或强硬或温和的态度对日本军方提出抗议。正是因为租界在政治上的中立，使得日本企图迅速控制全部上海地区的目的成了不可能完成

---

① ［日］高桥孝助、古厩忠夫编：《上海史——大都会的形成与市民的营生》，东方书店1995年版，第209页。

② ［日］殿木圭一：《上海》，岩波书店1942年版，第148页。

③ 葬心茔的博客：《上海租界历史》（http://blog.sina.com.cn/s/blog_ ae75acfd 0101hgmm.html）。

④ 公共租界全部22.5平方公里中，虹口和杨树浦地区占有的12.9平方公里都处于日军占领之下，越界筑路部分的54.88平方公里遭到战火的洗劫。至此，包括公共租界、越界筑路地区以及法租界的合计面积缩减为29.08平方公里，仅为事变前的一半以下。

⑤ 刘惠吾主编：《上海近代史》（下），华东师范大学出版社1987年版，第348页。

⑥ ［日］植田捷雄：《上海租界问题的发火点》，《中央公论》昭和十四年九月，第94页。

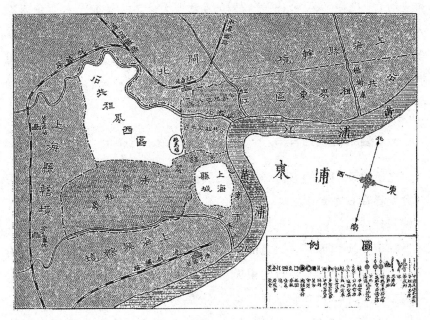

图 1.1

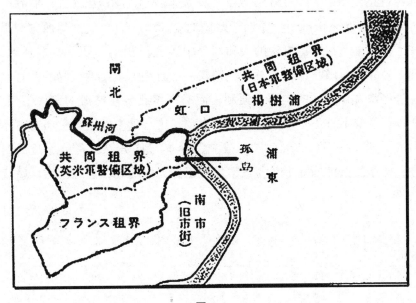

图 1.2

的任务。因此,"孤岛"一下子变成了附近省市乃至全国居民的"避难之所",仅在"八·一三"战争结束当天,"就有难民六万余人拥入租界"①,苏州河以南两租界的人口从"战前的 167 万猛增至 400 多万"②,而苏州河以北的华界等地区,俨然一座空空如也的"鬼城"。一场战争,就这样把上海从"滩"变成了"岛",从歌舞升平的繁华之都变成了诡异莫测的"战乱孤岛"。

一 复杂的权力斗争

之所以说当时的上海是一座"战乱孤岛",其主要原因在于上海两大租界在日军包围之下呈现出的政治权力斗争的特殊性与复杂性。根据鸦片战争后的《上海土地章程》,英国于 1845 年 11 月 15 日在上海设立第一块租界——"黄浦外滩"以降,美国、法国也紧随其后纷纷在上海划定了属于各自的租界,经过多年的大肆扩张,直到"八·一三"之后日本占领上海,英美公共租界(1899 年达到"33503 亩"③,1937 年后虹口、杨树浦两个地区被日军侵占)和法租界(除越界筑路之外,约"15150 亩"④)加起来总面积为 29.08 平方公里⑤。租界(settlement)不同于殖民地(colony),英美法等西方列强在上海领土上给自己国家的人和部分中国人"租借"了一片居住地,拥有独立的行政自治权和领事裁判权,主要是为了工商贸易、教育宗法等经济文化方面的沟通和便利,而非军事武装侵略般的殖民占领,所以其实质上并不干预当时的中国内政,这与日本的军事侵略有着本质的区别。由于第二次世界大战中,日本与英美等国正值作战敌对方,碍于复杂的国际形势,日本虽对租界虎视眈眈,但也不敢轻举妄

---

① 陶菊隐:《大上海的孤岛岁月》,中华书局 2005 年版,第 3—5 页。

② 熊月之等主编:《上海通史》,第八卷"民国经济",上海人民出版社 1999 年版,第 362 页。

③ 徐公肃、丘瑾璋:《上海公共租界制度》,上海人民出版社 1980 年版,第 161 页。

④ [法]梅朋、傅立德:《上海法租界史》,倪静兰译,上海社会科学院出版社 2007 年版,第 22 页。

⑤ [日]高纲博文:《战时上海的"租界问题"》,陈祖恩译,《史林》2007 年第 1 期。

动，在殖民统治除租界以外的上海其他地区之后，发现租界当局对重庆方面、蒋介石国民党等大后方抗日力量的不作为态度已经严重阻碍了日本战争的进程，所以他们不仅没有减少对英美、法租界的觊觎，还一直将中立区的租界视为全面占领中国的巨大绊脚石，从一开始就对租界当局耀武扬威，施加压力，但是又不能直接采取武装挑衅，只能通过采取外交谈判和参与租界行政选举等较为隐晦的政治手段来对上海租界进行争夺，以期将"孤岛"置于他们强势凶恶的恐怖统治笼罩之下。

尤其是 1939 年年初，自从日本扶植的"维新政府外长"陈篆被暗杀后，租界内接二连三地发生暗杀"维新政府"要员的抗日活动，日本侵略者便通过各种方式夸大其词、寻衅滋事，在东京与上海的日方人员，也更是发表种种强硬论调，以遏制所谓"恐怖案件"为名，谋其蓄积已久的占领租界之愿望。其一，即训令日本驻沪当局和租界政府进行谈判交涉。日本驻上海总领事三浦几次前往访问租界工部局总董樊克令和总办费利浦氏，指责租界内警力单薄，不足以维持治安，遂于 1939 年 2 月 22 日下午 3 时向工部局提出书面抗议："（一）逮捕中国恐怖活动分子；（二）增强工部局之日本势力；（三）增加日本警察之人数；（四）根本改组工部局，此外日本政府申明保留采取任何'广泛措施'之权利。"① 其二，派"大道警察"侵入租界。"十四日午后八时十五分，'大道警察'组成之武装巡逻队……十五日午后八时左右，'大道警察'在公共租界马路非法捕人。"② 其三，在租界内设便衣司令部。"据外人方面可靠消息，日方借口防遏租内发生恐怖事端，自与工部局成立协约后，即在汉口路某饭店内闹室，组设便衣司令部，招集大批浪人，从事侦查拘捕工作。"③ 其四，在虹口区附近组织流氓特务团伙"黄道会"④，跟随日

① 《日本企图控制上海租界》，1939 年，上海市档案馆藏，档案号：D2-0-74-164。
② 《三月的上海租界》，1939 年，上海市档案馆藏，档案号：D2-0-75-145。
③ 同上。
④ 陈存仁：《抗战时代生活史》，广西师范大学出版社 2003 年版，第 149 页。

军一起在上海居民区内进行搜捕、迫害、烧杀、抢掠等恐怖武装活动。其五，企图控制租界内的新闻、出版、艺术等一切文化宣传活动。日军不仅通令租界内的华文报纸必须每天送审，而且，在"1939年2月2日，伪上海新闻检查所致函工部局警务处长杰拉德，要求租界当局对挂外商招牌的抗日报纸采取压制措施"①。日军对租界内电影的拍摄和发行放映也是百般阻挠和破坏，试图通过成立"中华电影股份有限公司"②，以期达到对"孤岛"电影制作进行宣传上的控制或垄断之目的。凡此种种，不胜枚举。

面对日军的抗议、谈判和暴力逮捕活动，租界政府一方面始终坚持其不偏袒战争中任何一方的中立立场，另一方面在对日交涉上却也显得有些模糊和暧昧。例如，在发现日本武装巡逻队侵入租界的白利南路亿定盘路附近之时，英军和公共租界巡逻队将其逐出道外；听闻日方在租界内设立便衣司令部，租界当局以妨碍租界行政权为依据，一直向日方交涉令其取缔；日本"大道警察"进入租界一米店内非法捕人，租界当局立即命其放人并行出租界马路；在日方提出的关于租界内报刊出版制作的要求，租界当局也予以驳回，允许挂洋商的中国报纸、期刊在租界内继续发行。但是随着国际战争局势的瞬息万变，迫于日军的压力，后来的租界工部局在"孤岛"第三年的时候，还是与日本方面达成以下合作协约："（一）关于抗日之恐怖事件，本局已执行一九三八年七月十九日公布之紧急办法告示，并准备继续执行之。（二）除本局警务处以外之权利及责任非经有关系各国认可，不得由本局移让他人，惟本局曾为日本宪兵队及领事署警察在侦查恐怖行动方面与警务处之合作，固为本局所准备继续欢迎，任何合作之办法，须在获得本局警务处长统一，并与其商定以后实行。（三）在此交涉开始以前，本局为履行设法预防暴行之责任起见，已实行搜查由水道进入公共租界之人民，此种办

① 任建树主编：《现代上海大事记》，上海辞书出版社1996年版，第703页。
② "中华电影股份有限公司"于1939年在南京成立，由"亲华派"的日本人川喜多长政领导，由中国导演张善坤负责制片。

法，本局准备加紧实行，同时本局准备继续邀请日籍便衣视察人员于搜查时到场。（四）在本市政年度之内，本局已为警务处之日籍组，新募警员四十五名，本局已设法自日本添募人员三十三名，俾将预算内所定额补足，此节亦经本局说明。（五）本局曾谓公共租界内各重要地点之搜查举动，为本局警务处之通常而继续不断之工作，现在此项工作，正在加紧实行中。"① 除此之外，租界政府还与日本宪兵合作搜查西区、检查南京路、封锁里弄、加紧防务等。这就说明，租界当局既有同情支持或暗地帮助中国抗日爱国活动的一面，也有为了维护自身利益，避免得罪日军，从而也有会对"孤岛"的抗日爱国活动采取阻挠压制的另一面。

与此同时，随着"孤岛"局面的逐渐形成，租界外由日本通过其扶植的汉奸傀儡政权，如"梁鸿志及其维新政府上海特别市""苏锡文及其大道政府""汪精卫及其国民政府"② 等势力，企图以此来仿效在满洲推行的"以华制华"的侵略政策。因此，在四年零二十七天的"孤岛"岁月中，上海租界宛如一个混乱的"沉浮孤岛"，各方权力在此汇集纠缠、错综复杂、明争暗斗，既有英美法租界当局的西方势力，也有日军狡猾而顽劣的政治渗透，又有重庆方面的国民党势力，还有上海滩传统的黑帮势力，更有坚守上海阵地的共产党抗日组织。然而，这样复杂的政治环境，却滋生出了相对繁荣但却也显得有些畸形的社会经济和文化艺术。

二 畸形的社会繁荣

"八·一三"战争爆发后，上海地区的大多数工厂、银行、公司、出版社均遭到了炮火的袭击，被迫停业，那一年整个上海地区的社会经济都受到了重创，损失惨烈。据当时的《申报》记载，战争中

---

① 《三月的上海租界》，1939 年，上海市档案馆藏，档案号：D2-0-75-145。
② 张洪祥：《近代日本在中国的殖民统治》，天津人民出版社 1996 年版，第 269 页。

"有4998家工厂、作坊的设备被毁坏,上海丧失了70%的工业能力"①。可以说,上海这座城市是在第二次世界大战中牺牲最大的一座国际化都市。随着淞沪会战的结束,国民党军队撤离,上海除租界地区外全部沦陷,作为占领者,日本其实并不希望上海由此一蹶不振,成为一座破败之都,反而是愿意让上海维持一定的繁荣,以便塑造日本政府自身良好的国际外交形象。与此同时,由于租界政府的保护,"孤岛"就像一个"国中之国",拥有着独立的经济体系和行政制度,为战火纷飞的中华大地上保留着一块相对自由的社会空间,所以整个"孤岛"四年期间的社会经济反倒是呈现出一派特殊的繁荣景象,这和处在战争时期的中国其他地方有着很大的不同。

通过援引相关历史统计数据,我们可以了解到:首先,有关生产制造业方面,当时"孤岛"公共租界内开设的工厂,从1937年年底的442家,经过一年的迅猛发展,到1938年年底,已激增至4709家,到1940年,最终达到了5000余家。其次,进出口贸易方面,"孤岛"内的进出口商行从战前的213户到战后急速增长至613户,1938年因战争降至3.76亿元的进口数额,在随后的三年内得到了大幅度回升,分别突破纪录达到14亿元、29.76亿元和34.1亿元,出口方面也和进口方面一样,大大突破战前水平。最后,关于"孤岛"商户零售业方面,上海六大百货公司亦几乎每天都顾客盈门,最著名的上海永安公司在1939年的日营业额达到百万元以上,每个职工平均一天接待顾客达五六十人,到了1941年,永安的营业额比1938年翻了将近5倍,利润额激增11倍②(如表1.1所示)。与此同时,当时正值抗战的全国,其轻工业产品绝大多数也都从上海口岸输出,"孤岛"时期的交通运输业、房地产业、银行金融业等比之战前上海

---

① 《虹口杨浦及沪西越界区的公共租界工厂的损失率》,《申报》1937年11月22日。

② 该数据统计结果来自五本书:熊月之、周武编《上海——一座现代化都市的编年史》,上海书店出版社2009年版,第423页;熊月之《上海通史:第八卷民国经济》,1999年版;吴晓波《跌荡一百年——中国企业1870—1977》(下),中信出版社2013年版;刘惠吾主编《上海近代史》(下),华东师范大学出版社1987年版,第383页。

和战时的其他各地,均呈现出一派不可思议的繁荣景象。

表 1.1 "孤岛"时期四大百货店销售额·利润

单位:法币/万元①

年份	永安百货店		先施百货店		新新百货店		大新百货店		物价指数
	销售额	利润	销售额	利润	销售额	利润	销售额	利润	
1937	842.4	82.1	673.9	5.1	335.3	-4.6	379.5	7.2	100.0
1938	1044.8	156.2	835.8	42.3	529.3	40.6	577.3	77.7	120.2
1939	1821.6	314.1	1457.3	75.5	815.0	11.3	886.6	175.8	195.6
1940	3468.5	457.0	2774.8	92.7	1580.8	36.9	1755.9	402.7	426.4
1941	6895.9	1724.5	5516.7	220.7	3866.5	154.7	3925.8	1150.9	926.9

这样繁荣的社会和当时"孤岛"内部激增的人口有非常大的关系。战争爆发之后,因为"孤岛"租界作为当时中国的整个东南沿海中唯一的一个"非战争地带",这里有英、美、法等西方势力的保护,暂时没有受到炮火的洗礼,相对安全,并且交通、商场、医院、学校等城市基础设施成熟便利,所以上海地区乃至附近各省市的人流和商流自然都纷纷向这里汹涌汇聚,"居住在闸北、虹口等处的外侨和中国殷实之家,就像滚滚浪花一样涌进到苏州河南岸来。沪宁、沪杭两铁路沿线的大地主、大豪绅也都纷纷集中到这个'中立'之区来。同时,闸北、真如、浏河一带的农民、手工业者也都扶老携幼转移到租界来"②。从 1937 年底到 1938 年,不到一年的时间里,"孤岛"内的居民就达到了 450 万左右③。约 450 万人口聚集在一个相当于 4000 多个足球场般面积大小的土地上,平均一个人的居住面积只有 6.5 平方米,如此高度集中的人口密度在当时之中国可谓是一大奇观。因为人口的急剧膨胀,"孤岛"内人民对于生活资料的需求加

---

① 上海百货公司等编:《上海近代商业百货史》,上海社会科学院出版社 1988 年版,第 116、122—123、153—154 页。

② 陶菊隐:《大上海的孤岛岁月》,中华书局 2005 年版,第 3—5 页。

③ 任建树主编:《现代上海大事记》,上海辞书出版社 1996 年版,第 732 页。

大，因而消费品市场也就相应扩大，逃亡来的附近各地豪门贵族平日流连于各大百货公司、高级餐厅、咖啡厅、服装店、奢侈品商店、舞厅、电影院、游泳馆、马场、画展、会馆，在上海过着骄奢淫逸的物质消费生活，为"孤岛"的社会经济带来了一片浮华的欣欣向荣之象。而且，来避难的百姓也大量增多，人口的密集又为租界内的工业生产提供了充足的廉价劳动力，从而有利于制造业的复工生产，从而形成了一个别样繁荣的"孤岛"社会。

戦の三角形があった。これら大小無数の三角形の複合が中国の対華プロ……階層の三角形のそれぞれの構成部分において限界的な努力をすることによって抗戦の三角形は強固で大きなものとなり得た。この抗戦の三角形は決して美しい幾何学模様ではあり得ず、中国民衆が抗日に無関心であったとの証言は枚挙に暇がないが、しかし古厩は日本軍占領下で徴発を受けながらの中国民衆の生活は厳しく、「そこでは略奪に負けずに生き延びることこそが抗日である」と指摘している。

2 戦時上海の社会変化

古厩忠夫が、戦時上海の社会変化を概観することを試みたところのこの論文は「日中戦争末期の上海社会と地域エリート」である。同論文の主な課題は、上海経済界の指導者であった閻闇亭などのような「地域の安寧」を使命とする地域エリートの伝統的な行動様式とそれに基づく多様な抗日抵抗を考察した後、彼らが一九四三年の日本の「対華新政策」に対応して対日協力に踏み切る過程を解明することにあった。同論文はこのような課題を考察する過程で、戦時上海（一九三七〜四五年）の社会変化についても、日本の対中国政策、汪精衛政権、地域エリートの三者の関係の変化を基軸として、以下のように時系列的に論述している。

一九三七年八月〜一一月（第二次上海事変）
一九三七年八月一三日に始まる上海における全面戦争（第二次上海事変）は、中国軍民の強固な抵抗により同年一一月〜四一年一二日まで日本軍が華界を占領するまで続いた。

一九三七年一一月〜四一年一二月（「孤島」時期）
「孤島」時期上海の著しい特徴は、日本軍の華界占領後も上海経済・文化の中枢となっていた共同租界・フ

图1.3

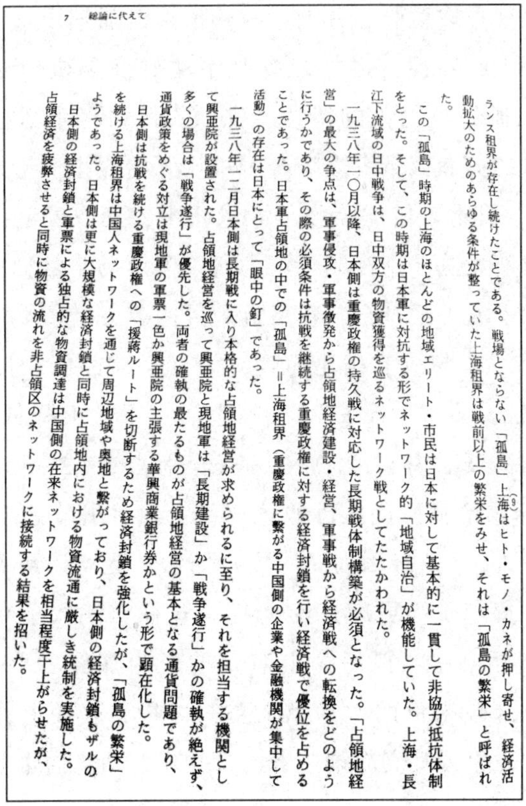

7　総論に代えて

ランス租界が存在し続けたことである。戦場とならない「孤島」上海[9]はヒト・モノ・カネが押し寄せ、経済活動拡大のためのあらゆる条件が整っていた上海租界は戦前以上の繁栄をみせ、それは「孤島の繁栄」と呼ばれた。

この「孤島」時期の上海のほとんどの地域エリート・市民は日本に対して基本的に一貫して非協力抵抗体制をとった。そして、この時期は日本軍に対抗する形でネットワーク的「地域自治」が機能していた。上海・長江下流域の日中戦争は、日中双方の物資獲得を巡るネットワーク戦としてたたかわれた。

一九三八年一〇月以降、日本側は重慶政権の持久戦に対応した長期戦体制構築が必須となった。「占領地経営」の最大の争点は、軍事侵攻・軍事徴発から占領地経済建設・経営、軍事戦から経済戦への転換をどのように行うかであり、その際の必須条件は抗戦を継続する重慶政権に対する経済封鎖を行い経済戦で優位を占めることであった。日本軍占領地の中での「孤島」=上海租界（重慶政権に繋がる中国側の企業や金融機関が集中して活動）の存在は日本にとって「眼中の釘」であった。

一九三八年一二月日本側は長期戦に入り本格的な占領地経営が求められるに至り、それを担当する機関として興亜院が設置された。占領地経営を巡って興亜院と現地軍は「長期建設」か「戦争遂行」かの確執が絶えず、多くの場合は「戦争遂行」が優先した。両者の確執の最たるものが占領地経営の基本となる通貨問題であり、通貨政策をめぐる対立は現地軍の軍票一色か興亜院の主張する華興商業銀行券かという形で顕在化した。

日本側は抗戦を続ける重慶政権への「援蔣ルート」を切断するため経済封鎖を強化したが、「孤島の繁栄」を続ける上海租界は中国人ネットワークを通じて周辺地域や奥地と繋がっており、日本側の経済封鎖もザルのようであった。日本側は更に大規模な経済封鎖と同時に占領地内における物資流通に厳しき統制を実施した。

日本側の経済封鎖と軍票による独占的な物資調達は中国側の在来ネットワークを相当程度干上がらせたが、占領経済を疲弊させると同時に物資の流れを非占領区のネットワークに接続する結果を招いた。

图 1.4

根据日本高纲博文学者的《战时上海》一书（见图 1.3 和图 1.4）①，可以看到当时“孤岛”社会的经济繁华和人口繁荣。然而，繁华的背后危机重重，“孤岛”上表面的社会繁荣却日益凸显出经济结构的混乱与畸形。日方作为侵略者，虽然想要维持上海昔日的繁荣，以便提高本国政府的国际形象，但于本质上来讲却又不希望让上海成为过去黄金时代的那般活力四射，他们期望并鼓励上海和租界人民从生存状态到社会心态都是“孤岛”化的，所以日本也一直在暗中扰乱“孤岛”的经济秩序，从而对租界政府施加压力，达到占领整个上海之目的。四年以来，日方对输入“孤岛”的货品进行严密

① ［日］高纲博文：《战时上海（1937—1945）》，东京研文出版社 2005 年版。

控制，企图大肆牟取税收，并大量收购沪地流通辅币，引起金融市场的混乱，使得人心惶惶，再加之有些不法奸商乘机操纵现金货币市场，导致了"孤岛"物价的持续飞涨，人民可谓生活在水深火热之中。所以当时的英商银行等多家金融机构开始停止供给外汇，无外乎"因日货充斥，日本曾借此吸收了大量法币，套取外汇，而上海这一特殊区域，政府无法严密控制外汇，所以黑市场非常猖狂，日方千方百计地要吸取上海外汇基金，在最近数月内英方借华款项反为日本吸收一部分去了"①。与战前相比而言，生活必需品的极度紧缺与涨了约10倍的物价，使得"孤岛"人民生活水平大大降低，"在战前，上海工人生活费支出中，食物和房租分别占53.2%和8.3%，而到1940年，由于物价高涨而实际收入停滞，食住开支占到了总支出的82%以上"②，"中产阶级因而转入无产阶级；无产阶级不能维持其最低生活必需；资产阶级更疯狂投机"③。这样就陷入了一种"畸形繁荣"的恶性循环，在"孤岛"上避难的豪门贵族和那些平民百姓、逃亡难民，一起在末世的"地狱天堂"之中，表面上营造出的是一派虚假繁华的表象，其实却维持着度日如年、苟且偷生的不堪生活。

三 特殊的艺术场域

"孤岛"复杂的政治背景和经济状况催生出了别样的艺术生发环境。在"孤岛"形成之初，人人都拥进租界，并把租界当作避难的"诺亚方舟"。而以日军重兵把守的苏州河为界，日军占领的苏州河以北地区，以及南市、浦东等地，居民房屋、工厂大量被毁，每日炮火纷飞、戒备森严；苏州河以南的两租界依然是歌舞升平、繁华如

---

① 《十日来·中日经济战》，《新知半月谈》，1938 年，上海市档案馆藏，档案号：D2-0-2715-1。

② [日] 岩间一弘：《1940 年前后上海职员阶层的生活情况》，甘慧杰译，《史林》2003 年第 4 期。

③ 《孤岛物价上涨座谈会》，《新知》第 2 卷第 1 期，上海市档案馆藏，档案号：D2-0-2718-17。

常，富商、穷人都在这片暂时安全的"乐土"上谋生、冒险、消费、娱乐……与此同时，"孤岛"相对自由的政治空气和较为宽松的经济环境，也使得出版业、娱乐业、艺术品展销业等文化艺术生产活动，并没有像大部分中国的其他地区一样遭到破坏而停滞不前，反而是在经历了几番波折之后又重新得到了复苏。

刚开始，1937年11月12日，国民党宣布投降并逃往重庆等地，上海的许多文人、艺术家也都纷纷逃离上海，于是上海的文化艺术界呈现出荒凉颓废的局面：首先是由于交通的阻塞，许多大大小小的出版物不得不暂时停顿休刊。其次是职业化的剧团和企业化的戏院也一样无法维持下去，开始大批停顿。最后，大多数的学校和专业院校也都关闭，包括专门学者、教授、艺术家等在内的文化人由于失业而不得不开始另谋生路。大部分文艺界人士逃到中国其他地方，开始了逃亡生活，也有一部分人选择坚守上海这块阵地，在"孤岛"内与日伪敌军展开殊死搏斗。所以说，在"孤岛"这个特殊的战场上，国民与日方既有武的拼杀搏斗，也有文的较量角逐，中国抗日力量始终在这里展开了多种多样合法的或者是"非法的"斗争。例如，在各类报刊的出版发行方面，共产党人夏衍等同志为了不让敌人轻易地占领"孤岛"这块宣传阵地，于1937年12月9日创刊出版了《译报》，用刊载外国报刊有关中国战争形势的报道，对"孤岛"人民进行抗战教育。不久日军通令租界内的华文报纸必须每天送审，《译报》只出了17天，就被迫停刊了。当时驻上海的日本总领事冈本季正公开向租界当局提出了五项要求："（一）取缔一切反日机关，禁止一切反日性质的宣传品；（二）驱逐中国政府机关及代表；（三）禁止中国政府的邮电检查；（四）禁止中国方面的新闻检查；（五）禁止未经许可的中国无线电通讯机构。"① 而公共租界工部局和法租界当局为了维护自身的在华利益不受损害，也采取了一些有所保留的温和节制的策略措施来应对日方的抗议："一是警告各报不得采

---

① 刘惠武主编：《上海近代史》（下），华东师范大学出版社1987年版，第349页。

用过于激烈或引起日人不满的字眼,如称日人为'敌人'等;二是实行报刊登记制度,任何报纸、刊物或小册子未经登记不得在公共租界内刊行、印刷或分送;三是劝告租界内的抗日报刊停止出版或改变抗日立场。"① 于是,中国的抗日力量和进步人士在"孤岛"内就纷纷转入"地下",利用外国人来做报纸、期刊的董事或主要负责人,继续坚持文化出版的宣传工作。而租界当局在执行日伪所提出要求的任务时,对于那些抗日地下组织秘密发行的刊物和挂洋商名字的出版物,也都采取视而不见、网开一面的态度,这就为当时的文化艺术活动起到了一定的保护措施。因此,除了国民党和其他抗日组织秘密创办发行的刊物之外,那些挂着外商招牌的报纸、杂志、期刊,不仅报道时事新闻,还进一步开辟了种种文艺副刊。因为"孤岛"内部相对宽松的政治环境,"孤岛"抗日爱国文化工作者还设法出版了一批国民党政府不允许出版的书籍,如《资本论》《鲁迅全集》《西行漫记》等。这些书籍,不仅对促进中华民族的思想文化建设具有重大意义,对宣传中国革命也起到很大作用。

随着"孤岛"生活的慢慢展开,有了赖以生存并且相对自由的发展空间,"孤岛"艺术以及艺术刊物开始逐渐活跃起来。除了迅速恢复制片的电影业、场场人气爆满的话剧市场、重新开办画展的艺术厅、大张旗鼓开业的舞厅等,当时的很多艺术刊物也都重新印刊、出版发行。以电影期刊方面为例,在整个民国时期,上海地区发行的各种电影期刊总共有207种②,而在特殊复杂的"孤岛"时期,上海共出版发行电影刊物就已经多达70余种。其中,既有在战争中持续创刊的老牌电影期刊,如《电声》《新华画报》《青青电影》等,也有在"孤岛"时期才创办的刊物,较为具有代表性的是《国光影坛》(1937)、《南海银星》(1938)、《亚洲影讯》(1938)、《好莱坞》(1938)、《银花集》(1938)、《明星》(1938)、《电影新闻》

① 方汉奇:《中国新闻事业编年史》(中),福建人民出版社2000年版,第1371页。
② 吴贻弓主编:《上海电影志》,上海社会科学院出版社1999年版,第689页。

（1939）、《银影》（1939）、《银銮殿》（1941）、《电影艺术》（1941）等。这些刊物既有曲折表达抗日救亡的主张，也有关于艺术理论知识的启蒙。与此同时，很多艺术期刊上纷纷注销各种进步言论，对"孤岛"时期的艺术界提出了新的要求和希望。例如，东方曦①在《谈"孤岛文艺"的发展》中说道："我们处在一个腥风血雨的时代，然而我们却过着侨寓一般的生活——不，所谓侨寓一般的生活还不够说明它真正的情状和性质，因为在这里，一个侨民应享的权利随时有被剥夺的可能，×人随时可以凭借它的暴力对这些非武装的民众加以横暴的压迫甚至戕害，国家的法律和权利既无法来保护这些待宰的羔羊，国际的正义也不能来遏阻×人×性的行动，因此生活于这里的人的大部分，都在用着半死状的精神麻痹法来保护自己。只有极小的一部分，只有那些富有自持性和警觉头脑的一部分人，他们正在和这环境奋斗，他们用尽一切方法来克服环境的钳制，企图督促这班蛰眠者的觉醒，他们企图和这个大时代奏着合曲。——我们的文艺工作者，正是这一小部分中的一个积极的细胞。"② 还有与方在《向文化界提出一个最低要求》中从哲学、经济学、社会史、政治、文学艺术五个方面的书籍、刊物出版等方面提出了要求和希望，认为"在中国，提高大众文化水准的一件事，正是一个艰苦奋斗的过程，发动了全部文化工作者去干，还是要好几个年头才见些成绩，然而这正是中国文化发展的必要前提！文化人是不能畏缩或松懈这责任的"③。以及在多种期刊上都曾出现的一篇社论——《勖孤岛文化工作者》，其中作者发表自己的观点："孤岛文化工作者实在是值得骄傲的，可是战斗的

---

① 东方曦，名为孔另境（1904—1972），原名令俊，字若君，笔名东方曦，桐乡乌镇人。茅盾夫人孔德沚之弟。中共党员，毕业于上海大学中文系，1927 年参加国民革命军北伐。1932 年开始发表作品。1935 年冬，任上海华华中学教导主任。抗日战争爆发后，他坚守"孤岛"阵地，将华光业余中学戏剧科改办成华光戏剧专科学校，培养影剧人才。

② 东方曦：《谈"孤岛文艺"的发展》，《新知》1938 年第 1 期。

③ 与方：《向文化界提出一个最低要求》，1938 年，上海市档案馆藏，档案号：D2-0-2722-20。

任务却绝没有终了,而是需要更英勇更坚决的延续下去,环境也许是越来越坏,压迫威胁也许是越来越强,但坚守住自己的岗位是必需的,直到最后胜利的来到。"① 这些言论一方面既说明了"孤岛"艺术场域的特殊与复杂,另一方面也深深地反映出坚守在"孤岛"阵地的艺术家和文化工作者们内心的渴望。

由此可见,当时的艺术生发环境虽说是有利于艺术活动以及艺术期刊的产生,但其中之关系却也相当复杂,留守"孤岛"的文化精英与复杂的政治势力一直处于反抗、斗争的状态,因为"艺术家或作家,笼统地称为知识分子,是统治阶级中被统治的那一部分人,艺术家与权力的斗争从而构成新的艺术位置的空间"。并且,"在一个场中行动者同体制不断斗争,他们是根据构成这个游戏空间的规律性和规则(以及在特定的紧要关头超越那些规则本身),使用不同程度的力量,并因此有了不同的成功的可能性,来占用在游戏中处于危险境地的特殊产品。在一个特定的场内占统治地位的那些人,占据的就是一个能使这个场朝着有利于他们的方向发展的这样一个位置,但他们必须始终同来自被统治者的'政治的'或其他方面的抵制、要求、竞争进行斗争。……只有当人们开始反叛、抵抗、有所行动,历史才存在。"② 所以说,"孤岛"时期的艺术就是这样,在不断波动、不断抗争中曲折发展起来的,艺术家和文化工作者在这片"地狱天堂"之上,内心中充满着纠结和矛盾,他们与世界接轨的渴望和民族性的诉求两者挣扎着共存,从而在环境的迫使下,从主动到被动,再到走向"被动中的主动",他们希望通过艺术来达到某种程度的救赎。但随着时间的发展,日本方面对"孤岛"文化艺术的控制加强,汪伪等政权在上海残酷严苛的文化监管,国民政府出现了消极的文化宣传政策,以及租界当局摇摆不定的暧昧态度,都使得当时作为工业资本主义和殖民主义产物的"孤岛"艺术家及其艺术期刊,带有着特殊

---

① 社论:《勖孤岛文化工作者》,1938年,上海市档案馆藏,档案号:D2-0-2719-1。
② 布尔迪厄:《文化资本和社会炼金术》,上海人民出版社1997年版,第148页。

的历史文化标记。

第二节 "异彩纷呈"："孤岛" 艺术期刊的发展状态

一场战争，让世界上的一颗璀璨明珠——上海大都市，变成一座鱼龙混杂的"孤岛"，诡变莫测的政治空气、畸形繁荣的社会经济以及复杂严酷的艺术环境，共同催生出了"孤岛"时期有别于"孤岛"之前以及"孤岛"之外的艺术期刊。也许会有一大部分人不太认同，把上海"孤岛"时期的艺术期刊出版发行业说成是"异彩纷呈"，其中主要的原委在于这个时期的艺术期刊并没有像战时中国的其他地区一样，体现出了彻底的革命性和积极的宣传性，而且，这一时期的艺术期刊出版量并不大，发行也并不算广泛，反而还呈现出非常特殊和暧昧的多元化属性：其中既有间接或隐晦宣传抗日思想的，也有只传播西方艺术思想和批评理论的，还有反映"孤岛"休闲生活、为市民提供娱乐消遣的。并且，"孤岛"艺术期刊的受众群体也几乎非常有限，仅仅限于"孤岛"两大租界内部的读者，因而其社会意义和艺术价值一直处于悬置状态。但话又说回来，即使是对这个时候的期刊业持有最严厉批判态度的人，也无置可否的一个事实，即在这个小小的方寸之地——"孤岛"，427 天的时间里，文化工作者们出版、发行了一百多个种类的艺术期刊，并且有的刊物还取得了较大的生存空间和相对持久的生命力，因而无论是在刊物的数量还是质量上，"孤岛"时期的艺术期刊都可以说是呈现出一派"异彩纷呈"的发展状态。

一 "彼刻彼岸"与"此时此地"

众所周知，随着民国时期印刷技术的提高与出版行业的兴盛，上海成为全国发行纸质出版物最多的文化中心。尤其是从 20 世纪二三十年代以来，上海除了电影、戏剧的繁荣，还形成了上海人爱看杂志、期刊的风潮，在上海居住的人们如同看电影、戏剧一样，也会为相应的艺术杂志着迷，并定期买一些艺术刊物来阅读。因为民国时期的上海人最早接触到了西方现代的自由主义思潮，从而，普遍上对于现代白话文的接受程度都比较高，他们喜欢精神上的享受，热衷于消闲的文化生活，所以会将买书、订报、看杂志作为日常休闲生活的最大需求之一，当时就有人对这样的日常生活景观进行了描绘："（那些）爱好杂志的人，每天早晨翻报纸找新出杂志的广告，宛如电影迷找新影片的广告一样，走过书店，更像要办公似的必须往杂志部去浏览那像万花筒般陈列着的新刊物……杂志在中国被编辑者、出版者、发行者、读者一致热烈拥护着迅速的发展，尤其是上海，似乎这大都会里又卷起一种新潮了。"①

总体来讲，上海的艺术期刊业在战前经历过两段发展时期：第一阶段是从 20 世纪 10 年代末至 20 年代初，可以说是上海艺术期刊开始生发萌芽与拓荒发展的雏形期。这一时期在上海先后创刊出版过的类似有《歌场新月》②《影戏杂志》③《俳优杂志》④《晨星》《影戏春秋》《戏剧丛报》等几十种艺术刊物，每一部刊物都明显带有拓荒发展时期那种感性的实践烙印与经验色彩，艺术品介绍和应用性讲解多于艺术哲学理性维度的分析，为后来的发展奠定了坚实基础。第二阶段是从 20 世纪 20 年代初至 30 年代中期，也即"孤岛"之前，可谓是上海艺术期刊如雨后春笋般的创立发展期，这一段时期的艺术类期刊已经逐步走向了正规化的发展模式。由于该时期内各类艺术在上海的兴盛繁荣，带动并促进了其附属刊物的发展，比如说，上海电影界

---

① 上海通社编：《上海研究资料》，上海书店 1984 年版，第 397 页。

② 《歌场新月》由王笠民主编，上海民友社发行于 1913 年。

③ 1921 年 2 月，上海诞生了中国第一本电影刊物《影戏丛报》，内容以介绍美国影星为主。1921 年 2 月 3 日的《申报》上刊出了《影戏丛报》出版的大幅广告消息。遗憾的是《影戏丛报》仅出了一期。之后，同年在上海又创刊了由陆洁、顾肯夫主办的《影戏杂志》，颇受电影观众欢迎，电影杂志逐步走上正轨。

④ 《俳优杂志》由著名戏曲评论家冯叔鸾编辑，上海文汇图书局发行于 1914 年。

从20年代开始繁荣发展，因而从1921年到1925年短短几年间，电影期刊就达到了20多种。而其他像《良友》《戏剧月刊》那样精心编辑、制作华美的艺术类期刊，也具有长久的生命力，一直被众人追捧。

如表1.2所示，"八·一三"事变前的1936年全年，上海总体出版量占到全国的90%以上，期刊种类数量也在全国占到了45%以上。可以说，"彼时彼刻"的上海期刊业消费在全国范围内来讲，一直是处于领先地位的。

表1.2　　　　　1936年全国各大埠的图书、期刊出版数统计①

地点	新书种数	报纸种数	杂志种数	总计
南京	292	24	88	404
上海	5721	23	109	5853
广州	22	缺	缺	22
天津	25	56	26	107
北平	81	29	34	144
汉口	6	缺	缺	6
其他	38	344	201	583
总和	6185	476	458	7119

然而，随着时间的发展，到了1937年战争初期，出版界的发展又遭遇到了前所未有的瓶颈，大量印刷出版公司在炮火中被迫停工歇业，大批刊物也在无情的战火中纷纷遗失散佚或停止办刊了。原因不外乎：（一）上海许多出版家向内地及其他安全地区迁移，上海出版界的范围已无形缩小；（二）自国军西撤后，上海环境日渐恶化，出版界就不能如以前那般自由发展；（三）有不少出版家曾在此次战事上直接受到很大的损失，出版能力已大为减少；（四）上海既成为

① 伊人：《一年来的上海出版界》，《中美周刊》第1卷第15期，1939年12月30日，第36页。

"孤岛",对外交通不便,再加一般的购买力也日渐衰弱,销路远不如前;(五)纸张、印刷、装订、运输,以及其他种种费用,都较战前涨起数倍以至数十倍,成本加重,而售价不能同比增加,经营非常困难;(六)有许多作家都往内地服务,邮寄稿件又非常不便,其仍留在上海者,也因环境不良,极少写作,所以稿子来源也大为减少。①凡此种种原因,都足以说明战争对于出版文化的影响和摧残。但是随着"孤岛"空间的逐渐形成,文化艺术场域又开始重新洗牌,出版界的格局又出现了新的变化。

根据表1.3的这一组统计数据表,可以具象数字来反映"孤岛"之前和"孤岛"形成之后上海地区出版界的事实情况和发展态势,我们也可以管窥出"彼时"与"此时"的上海地区出版种类和数目的强烈反差。可见,在正式进入"孤岛"之后,虽然图书类出版物骤减,但是杂志类刊物的销量却持续不减,尤其是艺术期刊的出版发行又开始呈现出"异彩纷呈"的状态,各种类型的艺术期刊空前活跃,在四年间内的种类数目多达近两百种(详情见本书的附录部分)。

表1.3 　　　"孤岛"之前和"孤岛"之后的出版情况对照表②

分类	"八·一三"前一年1936年的出版数量	1938.10.1—1939.9.30一年间的出版数量	比较
一般用书	1677	773	减904
教科书	243	127	减116
大部书	2899	734	减2165
报纸	24	18	减6
杂志	109	249	增140

而在与"孤岛"同一时期的全国其他地区,其艺术期刊则陷入了

---

① 伊人:《一年来的上海出版界》,《中美周刊》第1卷第15期,1939年12月30日,第37页。

② 同上。

相对低沉衰落的发展期，即使有一批艺术期刊创立，也都是围绕着抗战救亡的时代大主题来进行服务的。在"孤岛"之外的地区，无论是共产党根据地，还是国民党统治区，人民群众的反日情绪高涨，"民族救亡"也就成为新形势对文化艺术界提出的新要求。在这种形势下，艺术界大规模地阐述发扬"民族意识"，艺术类期刊更是不可能"独善其身"，对抗日救亡的民族意识的阐述与宣扬，也就成了时代对文艺刊物创办的新要求。"彼世彼岸"的《北平剧世界月刊》《抗战画报》等大量艺术类刊物全部成为抗战的辅助工具和宣传平台，将民族危机、救亡图存视为文化艺术最重要的历史使命，风风火火地展开利用起了电影、戏剧、音乐、美术等艺术手段的救亡功用。因此，在抗日战争的强烈刺激下，抗日救亡的民族立场成为大后方地区创办艺术期刊的最主要目的和压倒一切的主题，而反映和宣传爱国思想，影响并教育人民参加抗战的文艺题材作品也成为刊物刊载的主要内容。素有反帝传统的电影、戏剧、美术和音乐等艺术门类就成了抗战文化的先锋和主力。抗战爆发后，出版发行的文字刊物、画报，不仅具有极强的抗日救亡的宣传意义，还具有鼓励前线将士去冲锋陷阵杀敌的激励作用。这些刊物覆盖之处，在群众中间产生了强烈的影响，并且对革命文艺运动的开展以及爱国作家的培养产生了很强的推动作用。可以说，分布流转在广阔内地和敌后抗日根据地的抗战艺术期刊，使得大批文化艺术工作者在建立新的抗日活动空间的同时也开拓了自己新的艺术活动空间。相比较而言，"孤岛"之内的艺术期刊却没有像"孤岛"之外的大后方那样直接表现坚守传统道德或注重为政治服务的民族立场，而是慢慢开始有意识地曲折表达抗战救亡思想或者回避关于战争的政治问题，并且出现了以通过艺术来表现民族立场及理论诉求与发挥艺术的消遣娱乐功能这两种截然相反的期刊类型。可见，在那样一个特殊的时期里，有的"孤岛"艺术期刊创办人开始重新审视出版刊物的商业利益，不管抒写伤感情怀之文字，还是创作规避政治的艺术之作品，都是躲在娱乐、商业、消遣性的厚重面具下，采用了含蓄而曲折的方式来探索着较为适合自己处境的立场表达，因为当时的很多艺术期刊无法像"彼时彼岸"的刊物一样充满革命的斗志，也无法去回答凝结在现实中的那种迷茫、惆怅和无奈，所以有的写作者选择沉默、逃避或为了顺应当时语境的不得已而为之。总体而言，"此时此地"的"孤岛"艺术期刊，就如同是进入了混乱的"地狱天堂"，开始了在实践中进行不断摸索与抗争的探索阶段。

二 "孤岛"艺术期刊的演变历程

在动荡不安的时局之下，就整体而言，"孤岛"艺术期刊的发展态势大体是这样的：总体繁荣，但却旋生旋灭，经营并不稳定。如表1.4所示，1938—1939年，"孤岛"内部发行的期刊量虽然很大，但是停刊的数量也非常之大，占到了发刊总量的40%多。这就非常具象化地反映出了当时的租界被日军包围的窘境及其复杂残酷的政治势力斗争，租界内期刊的出版自由处处都会受到相应的限制，报馆、杂志社或编辑部里也随处可见暗杀进步人士的恐怖活动。

表 1.4　1938. 10. 1—1939. 9. 30 一年间"孤岛"报纸杂志的发行与停刊数量①

出版物分类	发行种数	停刊种数	停刊百分比（%）
报纸	18	9	50
杂志	249	101	40. 56
共计	267	110	41. 20

正是在这样一个充满着动荡感和压力感的都市中，上海出版界虽然努力突破混乱多变的政治时局，力保自身的生存和发展，但是一些带有抗日性质的进步期刊还是会遭到日伪当局的迫害和压制，大批期刊在收到租界当局禁令之后，又往往以新的面目重新创办，就这形成

---

① 伊人：《一年来的上海出版界》，《中美周刊》第1卷第15期，1939年12月30日，第37页。

了"孤岛"时期艺术期刊时生时灭、总体数量多但却发行寿命短的
尴尬局面。例如,《艺星》《明星》《时代》①《影艺》《西洋美术杂
志》《银幕名歌》等,这样只出版发行过一期就戛然而止的艺术期
刊,更是不在少数。

总的来说,"孤岛"四年多的时间里,艺术期刊大致上可以分为
三个发展阶段:首先,"孤岛"初期,即从1937年11月12日淞沪抗
战结束到1938年初,各类艺术期刊从战前的繁荣期进入衰退期,由
于出版社、印刷厂的被毁以及创作者、编辑人员等知识分子的迁移,
大多数艺术期刊都在战火中被迫停刊。持续出刊的和重新创办的艺术
期刊屈指可数,仅有《青青电影》《电声》《戏世界》《国光影讯》
《戏剧周报》《半月戏剧》《十日戏剧》《美术杂志》《音乐月刊》等
十几种期刊。"孤岛"成立之初,国仇家恨使得上海留守文人心中的
怒火燃烧,所以这一阶段的刊物,无论是正面发行还是地下秘密创
设,其主要凸显的主题是通过艺术来宣传抗战救亡的思想。例如,国立
上海音乐专科学校在1937年11月主办的学术刊物《音乐月刊》,于第
1卷第1号的发刊词上就明确表达:此期刊创立的目的在于"(一)阐
述音乐原理。(二)研究音乐技术。(三)提倡音乐生活。(四)普及
音乐教育之外,在此非常时期,必须注意如何利用音乐唤醒民族意识
与加强民众爱国心"②。而此刊在1938年2月停刊的最后一期上刊有
国立上海音专校长萧友梅的《关于我国新音乐运动》一文,文中说:
"在此国难期间,如环境许可时,应尽力创作爱国歌曲,训练军乐队

---

① 1941年8月20日,《时代》杂志在上海出版。中共江苏省委文委鉴于上海租界当
局为迎合日本侵略者取缔抗日宣传的要求,对租界内的报刊加紧查禁,一些挂洋商牌子的
报刊也相继被迫停刊,决定由姜椿芳利用他与苏联塔斯社远东分社社长罗果夫的关系,开
辟以苏商名义出版中文报刊的途径。经罗果夫同意后,《时代》杂志以苏商时代出版社的名
义出版,姜椿芳负责编辑,由文委唐守愚、梅益先后领导。《时代》杂志着重报道苏联人民
英勇斗争和世界反法西斯战争进程的真实情况。太平洋战争爆发后,根据罗果夫的提议,
该杂志一度停刊。

② 萧友梅:《发刊词》,《音乐月刊》第1卷第1号,1937年11月。

队长及集团唱歌指挥，使他们在最短时期可以应用出去。"① 其次，
"孤岛"中期，从1938年中至1940年初，"孤岛"内的人们已经开
始慢慢习惯了这种"世外桃源"般的生活，因为有了租界当局的保
护，"孤岛"上海的出版界也始终是相对自由的。因而，这一时期各
类艺术期刊开始重新复苏，发展如雨后春笋一般空前活跃，并且逐渐
出现多元化的价值取向。就拿戏剧类的艺术刊物来讲，据统计，在
"孤岛"的第二年至第三年之间，先后出版过的专业话剧期刊、戏曲
期刊、特刊专号、增刊和报纸副刊就有二十余种。② 其中如《剧场艺
术》《舞台艺术丛刊》《小剧场》③《戏剧与文学》④ 等是面对专业人
士的，而《剧场新闻》等则面对一般读者。就连综合性艺术类杂志
及报纸方面，如《杂志》《女声》和《申报》《文汇报》等都有专门
的戏剧版面或固定的剧评专栏。这些刊物既有宣传抗战爱国思想的，
也有表达民族立场的，还有不谙政事只谈论艺术理论和批评的，凡此
均表征出"孤岛"中期的艺术期刊多元化的创办理念。最后，"孤
岛"末期，从1940年到1941年12月8日太平洋战争爆发后日军占
领租界为止，政治环境越来越凶险恶化、社会经济越来越畸形繁荣，
人们在"孤岛"上的生活越来越注重物质消费，使得整个"孤岛"
艺术期刊的价值取向和主题内容都发生了微妙的变化。如《上海艺术
月刊》《小剧场·半月丛刊》《银銮殿》《影城新曲》《享乐》《仙乐
画报》《严华周璇婚变特刊》《影星专集》《美术界》《申曲日报》
等，这一阶段的艺术期刊开始逐渐远离政治和实事，要么只注重艺术

---

① 萧友梅：《关于我国新音乐运动》，《音乐月刊》第4卷第1号，1938年2月。

② 祝均宙、马莉：《上海话剧报刊沧桑录》，《上海文化史志通讯》1990年第8期。

③ 1940年11月30日，《小剧场》半月丛刊在上海创刊，海风出版社出版。共出5
期，1941年1月16日停刊。

④ 1940年1月25日，《戏剧与文学》月刊在上海创刊，于伶、林淡秋编辑，共出4
期。这是中共江苏省委文委领导的一份文艺理论刊物。在创刊特大号上刊载对上海戏剧与
文学方面的总结性文章：《一年来的上海文艺界》《一年来孤岛剧运的回顾》《一年来的诗
歌回顾》《一年来的翻译界》和《一年读剧记》等。

门类的学理性研究,要么只为"孤岛"读者提供艺术娱乐性的精神消遣。

可以看出,经历了几段波折演变的"孤岛"艺术期刊,也可以说是一直处在实践中不断摸索与抗争的探索期。"此时此地"的艺术期刊基本上这样有两种截然相反的发展趋势:一种是朝着商业化的方向大步前进;另一种则是向着反商业化的批判方向前进。其中,第一个方面,由于"孤岛"特殊的政治自由空间,出版商利用此机会大量发行消闲娱乐之刊物以谋取利润。因为当时的出版公司、印刷公司已经基本解决了技术上的所有基本问题,已经拥有了一个相对稳定的盈利模式,一本期刊售价在两角至几元不等,而一期杂志刊登广告的利润也在几百元左右,所以消遣类的艺术期刊最能为出版公司带来效益。同时,最重要的也在于,当时的"孤岛"上海具备了出版业繁荣所必需的多种要素。

首先,就是出版界的相对独立。虽然当时创立发行的期刊大部分都需要经过租界当局和日本方面的审查,但有一个基本的事实前提,只要是不涉及"抗战""侵略""敌方"等敏感字眼的刊物就不会遭遇大量删节或停顿办刊,还有那些挂洋商发行的刊物,在出版自由的租界内其实基本上是不被任何其他力量控制和阻挠的。而期刊出版界最大的老板就是占有资本的出版公司和投资商,这在最大限度上保证了艺术期刊的快速产业化发展。从"孤岛"艺术期刊的发展史可以明显地感受到资本的力量,一些艺术期刊也沦为出版公司、电影公司、投资公司的附属刊物。与此同时,当时租界内拥有强大的休闲娱乐期刊的消费群体。由于日军考虑到外交原因暂时没有侵入租界,使得"孤岛"成为战争时期最有安全性的"方寸乐园",从而,也凭此吸引了大批具有较高消费能力的附近民众的拥入。事实上,"孤岛"艺术期刊的发展和读者的狂热是分不开的,这一时期诸如《享乐图画月刊》《仙乐画报》《每日新歌》《美丽歌选》等商业刊物的百花齐放,从另一个角度看,也正是娱乐消费需求空前增长的结果。当然,更为重要的也在于,当时的"孤岛"内生存着一个拥有强大生命力的艺术创作者、期刊编辑和文人创作群体。随着资本的投入,期刊业很快繁荣起来,为了养家糊口,一大批失业的艺术界人士重新开始拿起笔回到创作领域。其次,另一个发展趋势是"孤岛"艺术期刊反对过度商业和娱乐的自觉性,由于"孤岛"时期的上海面临着内忧外患,民族矛盾日益加剧,深刻的民族危机激发起了人们的爱国救亡意识,读者们对书馆报摊上各类充斥着糜烂生活或是庸俗言情的一类商业艺术期刊之流感到厌烦和嫌恶。虽说"孤岛"时期的一部分艺术期刊几乎都以庸俗、低趣、艳情、娱乐、神怪、消遣来吸引观众,这样的主题虽然能取得一时的商业利润,却不可能长期吸引读者;而此时以夏衍、龚天一、柯灵为代表的一批进步人士的回归和以文化艺术精英为代表的进步力量的介入,使"孤岛"艺术期刊在写作、出版、发行的文字质量与审美趣味上都得到了最大的保证。因而,此后的"孤岛"艺术期刊开始呈现出表达民族救亡思想与提倡文化享乐心态、宣讲艺术专业理论与描绘休闲娱乐生活,这两种相反论调的期刊发展趋势。

事实上,每一历史时期的艺术期刊演变都是和当时时代境况紧密联系的,"孤岛"这一时期的艺术期刊是在实践中摸索与抗争发展起来的,在商业与文化诉求等方面几乎都做到了与时俱进,并且一步一步走向成熟,从而逐渐系统化和规范化。虽然之后上海彻底沦陷,艺术期刊基本上经历了长达四年的断裂期,但是"孤岛"时期的艺术期刊却为新中国成立后在困境中逐渐成熟完善的期刊建设期打下了坚实的基础。从这个意义上讲,"此时此地"的"孤岛"艺术期刊尽管备受争议,但它的繁荣发展依然给整个现代艺术史,留下了太多太多的思考空间。

三 "孤岛"艺术期刊的类型特征

一份出版物离不开出版公司、出版业从业人员、印刷公司、印刷工人、编辑人、著作人、读者等这样几个必要环节。同样如此,一直处在探索期的"孤岛"艺术期刊虽然几经波折,但也在内忧外患的多重压迫之下，结合多个环节，依然繁荣创办了起来。当时的大部分期刊是由这样四类机构创办出来的：第一类是战前就存在的出版公司和杂志社；第二类是来自共产党、国民党及民间的抗日爱国组织；第三类是在"孤岛"继续生存的电影公司、职业演剧团及艺术组织；第四类纯粹是个人自觉自发进行编辑出版的。

其中第一类创办者，是在"孤岛"之前就创办过艺术期刊的杂志社或出版公司，有的在战时持续创刊，也有的在经历了一段战时调整期之后又恢复发刊。例如，由三和出版社于 1932 年 5 月出版、林泽苍、梁心玺、范寄病等人担任编辑的《电声》，还有青青电影出版社于 1934 年 4 月发行、严次平任总编辑的《青青电影》，戏剧周报社 1935 年 3 月出版的、王雪尘担任编辑的《戏剧周报》以及上海美术杂志社出版 1937 年 3 月发行的《美术杂志》等，一些不仅将刊物发行至"孤岛"末期，一些还继续撑到了抗战结束之后。

第二类是中国共产党、国民党上海党部以及民间的一些抗日爱国机构，在"孤岛"内利用洋商或秘密机构来创办杂志，试图通过文化艺术来唤醒人们的抗战救国思想。其中就有中共江苏省委成员王元化、于伶等人组织创办的《华美周刊》《上海周报》《文艺》① 《万象》系列期刊，在"孤岛"内部实行了颇有成效的抗日爱国宣传活动。

第三类创办者，很多电影公司、话剧戏曲团在战时就被摧毁了，但是留在"孤岛"内的新华影业、绿宝剧团等艺术团体依旧通过各方的努力，不仅拍摄或排演出了产量丰富的电影、戏剧、戏曲，还利用

----

① 1938 年 6 月 5 日，中共江苏省委学委组织的《文艺》半月刊出版，由周一萍主持，担任编委的是暨南大学的一批学生，如孙家晋（吴岩）、徐微（舒岱）、张万芳（张可）、钱今昔、冯锦钏（华铃）、林枳敔、黄子祥、戴敦复（戴钢）等；许广平、巴人（王任叔）、王元化、林淡秋、蒋天佐、满涛、钟望阳等也经常写稿支持。创刊号上转载张天翼发表在香港《文艺阵地》上的短篇小说《华威先生》。以后又登载了"关于抗战文艺的形式"的座谈会记录和洛蚀文（王元化）的《关于文学大众化问题》等论文。1939 年 6 月，因经费困难而停刊，共出 16 期。

各种渠道创制了公司旗下的附属刊物。诸如,"《新华画报》从 1936 年 6 月 5 日创刊之日起,至 1940 年 12 月 25 日最后一期(中途停办了一年又一个月),共出版过五卷,合四十一期(除增设的号外特刊以外),由龚天一、丁聪等人编辑,以介绍新华公司的影片和明星动态为主,兼涉电影批评、创作体会、理论研究、国外影坛资讯等诸多丰富内容,而其中设置的《国片年谱》《电影史料》和《每月情报》等专栏,更是保留了孤岛时期影坛的大量史料,铭刻着特殊年代上海这座城市的时代印记。"①

第四类创办者,一部分爱国文化人和知识分子,如钱杏邨(阿英)、郑振铎、陈望道、王任叔(巴人)、林淡秋、石灵、郭绍虞、柯灵、魏金枝、梅益、关露、景宋(许广平)、锡金等人,仍坚守"孤岛"这块阵地,有的也通过中共上海地下党的支持和领导,有的结合自身的艺术特长和技术,利用"租界"这个特殊环境,继续开展各种或公开或隐蔽的艺术期刊创办活动。例如,《大众文化》《艺花》《大同新歌选》②《银坛歌选》等,这些期刊的创办人,无论是突出教育民族觉醒之作用,还是发挥消遣娱乐之功效,大都是想借用艺术刊物这一大众宣传利器,在社会上进行文化传播上的逆袭。

"孤岛"上的很多艺术期刊在出版数和销售量上并不是很占优势,而且有大部分只出过一两期就夭折了。然而,在出版种类和读者受众群层面,"孤岛"艺术期刊还是有一定的发展空间,因为留守在"孤岛"创办杂志的人和公司也相对多样化,加之两租界内的读者有着差不多几百万人口,苦闷的"天堂地狱"生活使得文化艺术类读物的消费需求还是增加了很多倍。根据艺术门类的划分,"孤岛"艺术期刊大致上可以分为以下五种类型。

---

① 游溪:《管窥〈新华画报〉中的孤岛电影与理论表达》,《美与时代》2014 年第 6 期。

② 《大同新歌选》,不定期刊发,1940 年 8 月 1 日在上海创刊,停刊不详,由朱婴、姚敏编辑。属于歌曲选集。该刊主要收录通俗歌曲、电影插曲、外文歌曲,包括《五更相思》《旧梦重温》"Love is all""South of the border"等。

第一，电影期刊。在整个民国时期，"上海地区共发行各种电影期刊多达二百余种。其中，很多电影期刊是各大电影公司为其门下出品的影片而推出的宣传刊物，所以多是属于电影公司的附属性刊物，而'孤岛'时期在上海进行持续制片和发行的、并且具备较大影响力的，当属新华影业公司及其出版的《新华画报》了"①。还有类似于《华纳·再生缘特刊》《孔夫子影片特刊》《铁扇公主特刊》这样的宣传特刊，也都是为了公司影片造势。当然，还有多数探讨好莱坞影片与电影理论的期刊，通过这些电影期刊上的宣传海报和新片预告，也可以梳理出好莱坞经验对于当时的电影创作的启示，以及多数影业公司对于"生意眼"的重视贯彻执行在影片类型的探索上。"凡此种种，均表征出当时本土类型实践与域外类型经验的互文指涉关系。除此之外，电影刊物为了迎合大众对于明星的消费需求，除了为宣传策略而刊登光学图谱式的电影明星照片"②，也有的画报刊物将明星的身体、私生活进行"窥视"性的过度消费，还有的为市民提供了一种对明星的美好"想象"和积极健康的"凝视"性消费。

第二，戏剧期刊。同电影刊物类似，"孤岛"时期的戏剧刊物也既有很多是宣传即将演出的戏曲和话剧，更有多数是讨论和阐释戏剧艺术理论的。通过代表刊物《戏世界》《戏剧周报》《戏剧画报》《剧场艺术》《新演剧》《戏曲月辑》《京剧演员专辑》《半月戏剧》《十日戏剧》《戏》《戏言》《千字文》《戏剧杂志》《文曲》《申曲剧讯》《独幕剧创作月刊》《剧场新闻》《小剧场·半月丛刊》《越剧专刊·四而社丛刊之一》《大成曲刊》《戏剧与文学》等，发掘出来的"孤岛"时期关于现代话剧与传统戏曲的理论，从中可以管窥出当时左翼创作的风格流变、西方戏剧的本土改编现状以及观众至上的商业实践。

① 游溪：《管窥〈新华画报〉中的孤岛电影与理论表达》，《美与时代》2014 年第6 期。

② 同上。

第三，美术期刊。"孤岛"时期的美术刊物并不是很多，据统计，四年间只有《美术杂志》《西洋美术杂志》《文画周刊》《美术界》《上海艺术月刊》这五部美术期刊发行，但是透过为数不多的这五种期刊，我们可以发现，"孤岛"时期的洋画运动出现了第四个高峰期，画家也从现代主义的画派逐步过渡到中西兼用的画风，从异化的社会中开始面向对个人身份的求索。

第四，音乐期刊。相较于美术期刊，"孤岛"四年发行的音乐期刊数量就多了不少，通过研究发现，像是《音乐月刊》《音乐世界》《今日新歌》《大成曲刊》《影城新曲》《银坛歌选》《银幕名歌》《申曲日报》这几种音乐类艺术期刊，既有阐述音乐原理、研究音乐技术或者普及音乐教育，也有配合即将上映影片的宣传、刊登电影主题曲、插曲之类，还有在非常时期利用音乐唤醒民族意识与加强民众爱国心，总体格调都比较高。

第五，综合类艺术期刊。这类期刊就是集合了影片、戏剧介绍，艺术理论阐释、音乐名曲乐谱刊登，舞蹈、人像、风景、战况摄影展示及一些漫画、木刻、雕塑等美术类作品的综合性刊物。例如，《摩登》《艺术文献》《上海周报》等。

其实，这些艺术刊物，无论是公司办刊、组织办刊、书局办刊，还是个人办刊，无论是商业化还是反商业化的发展趋势，总而言之，其内容的转变几乎大多是为了配合抗战建国的目标，精神的一贯也是有益于整个抗战的前途。在特殊的时局之下，当时的上海编辑人协会拟定了《战时出版界动员计划草案》①，并且还成立了抗敌宣传委员会，这无一不彰显出上海整个出版界的基本精神，因为"孤岛"的环境纵然日渐恶化，威迫利诱，无所不用其极，但上海出版界的精神始终如一，到"孤岛"时局快结束为止，"甘心投降把整个机关投过去的，一个没有，有的，只有再接再厉，宁可停刊，再等机会，这种

---

① 上海编辑人协会：《战时出版界动员计划草案》，1938年，上海市档案馆藏，档案号：D2-0-1372-6。

不屈服的精神,实在足以影响上海整个的民心,与抗战的前途,有极大关系。出版事业一方面,原是文化事业,不以赚钱为最高目的;但另一方面,却是商业组织,不能置资本于不顾。但现在上海出版界为要供给内地读者的需要,甚至已经到了售价所得,还不足抵付运费的时候,也还是照样地源源接济。这种蚀本生意,仍能硬着头皮,继续地苦干实干,也是一种不可多得、超越寻常的精神"①。从这个层面上,我们可以说,"孤岛"艺术期刊虽然有"畸形繁荣"的一面,但同时另一面,它也依然具有极强的抗争意识。

第三节 "一脉相承":海派文化与"孤岛"艺术期刊

"孤岛"时期的艺术期刊与当时的文学期刊均呈现出不同的个性风貌,然而,它们却又都一起受到了传统海派文化的影响,并且也共同参与构建了新的海派文化。众所周知,从晚清发祥以来的海派文化,是以上海这座城市为核心而发展起来的地域文化,在整个中华文化中,是不可或缺的一个重要组成部分。"孤岛"时期的海派文化,体现在电影、戏剧、绘画、音乐等各类艺术期刊上,依然显示出了非常强大的生命力和作用力,与此同时,它也受到了"孤岛"特殊的地理空间气候的影响和渗透,从而形成了具有丰富多元化的风格的海派气质。从这个层面上来看,深入挖掘海派文化与其一脉相承而来的"孤岛"艺术期刊之间的互文指涉关系,对于梳理出"孤岛"时期艺术期刊乃至整个民国时期海派文化的演进历程与发展逻辑,都具有重大的价值和意义。

一 海派文化语境下的"孤岛"文学期刊与艺术期刊

关于海派文化的争论已久,有的专家认为海派文化就是从上海开

---

① 伊人:《一年来的上海出版界》,《中美周刊》第 1 卷第 15 期,1939 年 12 月 30 日。

埠以来所形成的包括戏曲、绘画、文学等在内的艺术风格流派，也有的学者是从早期上海及周边都市的现代化入手来研究海派文化的。不管哪种研究，都是把上海作为核心，辐射到江南其余各市，将其中所孕育产生的各类艺术成果及思想文化作为一种不同于京派文化的文化流派。通过援引李伦新、熊月之、杨剑龙、陈伯海等海派研究者的观点和论著，可以得知："海派文化作为以上海为中心的地域文化，具有鲜明的地域特色与独特的历史发展过程。是中国近现代以来城市发展的典范。在根植于中华传统文化的基础上，上海吸纳了吴越文化和其他地域文化，受到了世界文化主要是西方近现代经济文化的影响，逐渐形成了富有上海地方特色的海派文化。海派文化肇始于中国画，亦起源于京剧，作为艺术流派滥觞后，很快漫开至电影、小说、美术教育等领域，乃至社会生活诸多方面，便形成了海派文化这个概念。"①因而，上海文化中最基本最主要的文化形态就是海派文化，而海派文化最集中最全面的反映也就体现在上海这座现代性大都市中。

海派文化，作为当时中国乃至世界上的一种独特的地域文化现象，起始于晚清开始与外国通商的口岸城市——上海。海派文化之所以成为一种备受瞩目的文化现象和文化流派，是因为它从在上海孕育生发之日起，就渐渐打破传统，超越了其他文化派别的压制而独具风貌，成为一支与全国当时的主流文化相抗衡的文化类别，并且迅速发展为一种全国瞩目的文化力量。当年，中国文学巨匠鲁迅先生的一句"京派是官的帮闲，海派是商的帮忙而已"②，就显示出京派文化与海派文化间最本质的区别：京派显示了其政治性、严肃性、经典性、保守性、传统性、纯粹性为主，而海派则以商业性、娱乐性、现代性、自由性、开放性、兼容性为重。在这样的文化语境下产生的海派文学、海派艺术自然也就如同上海这座摩登都市一样，带有了明显的商业娱乐、自由现代、兼容

---

① 李伦新、熊月之、严家栋：《"海派文化"学术笔谈》，《上海大学学报》（社会科学版）第12卷第5期，2005年9月。

② 鲁迅：《申报·自由谈》，1934年2月3日，转引自《鲁迅全集》第5卷，人民文学出版社1981年版，第432页。

开放等特质。而作为海派文学、海派艺术最重要的承接载体——上海早期文学期刊和艺术期刊,也直接呈现出明显的海派气韵,记录并铭刻着海派文学、海派艺术以及海派都市的时代印记。如果说,对于海派文化的研究是起源于20世纪20—40年代的"京海之争"的话,那么,作为世界上独特文化现象的海派文化,它的兴盛时期也就莫过于上海的20—40年代。这个时期既包括上海从20年代到30年代的"黄金十年"发展期,也包含30年代末至40年代初的乱世"孤岛"期。在战争时期,上海的海派文学和艺术创作活动在经历了战后一段时间的委靡不振之后,到了特殊的"孤岛"时期,又开始沿袭着二三十年代的繁荣继续发展壮大起来。尤其是出版商业、印刷工业等现代传播业得到恢复之后,在相对安全自由的"孤岛"之上,种类繁多的文学期刊和艺术期刊又如雨后春笋一般创立发行起来。

同艺术期刊一样,"孤岛"时期创办的文学期刊数量也十分可观,但由于战争的原因,近两百种的文学期刊大都只能是在"孤岛"租界内和上海周边发行,所以无法达到战前作为全国性文学阵地的辉煌时期。但是总体来说,"孤岛"文学期刊在有限的地界,依然因袭了战前海派文化的遗风,为海派文学的传承发挥了重要作用。例如,《文艺阵地》《小说月报》《鲁迅风》①《西风》《宇宙风乙刊》等文学刊物,如同"孤岛"文学苍穹上纷繁夺目的众多星斗一样闪耀夺目,出版了不少期,发行的时间也不短,并且,在当时也起到了抗战思想的宣传作用。但是其中,左翼的文学期刊,如《鲁迅风》《文艺》《文艺阵地》《文艺新潮》② 等代表刊物在后来的"孤岛"中都未能

---

① 1939年1月11日,《鲁迅风》杂志在上海创刊,冯梦云编辑〔实际上先是金性尧,后是孙石灵(石灵)编辑〕。这是一份刊载杂文的同人刊物,第1—14期是周刊,后改为半月刊。出至第19期(1939年9月5日)停刊。

② 1938年10月16日《文艺新潮》月刊在上海创刊,宇文节、林之材主编。创刊号刊有鲁迅的《论中国的木刻》。后又发表丰子恺的《阿Q正传漫画》,洛蚀文的《艺术·宣传·宣传戏剧》,介绍新四军开展戏剧活动的情况等文章。从第2卷第1期起连载适夷(楼适夷)翻译的高尔基中篇小说《老板》。自第2卷第5期起,锡金参与主编,该刊前后共出版19期,至1940年5月1日出第2卷第7期后停刊。

获得大量读者，反而是像倡导启蒙思想或消遣娱乐的《千字文》《万象》《永安月刊》《乐观》《红茶》《小说月报》等文学期刊的销量更胜一筹。由于"海派文化"的商业传统深入人心，"孤岛"时期也不例外，有的作家或编辑在战时入不敷出、生活困窘，难免会因重物质钱财而去写作、创办一些迎合大众娱乐趣味、满足市场消费需求的文学期刊。就如同战前的"鸳鸯蝴蝶派"和"新感觉派"文人的文学创作一样，海派文化语境之下的"孤岛"文学期刊也会刊载一些注重描写风花雪月、个人感受的文学作品，并且大多无意去承担救亡教化之责，而更多的是去追求商业效益，这也是跟大后方很多文学期刊所呈现出的迥然不一的文学现象。

然而，同样都是在海派语境下产生的文艺期刊，为什么要把文学期刊和艺术期刊分开来作研究呢？首先，澄清一个概念。艺术期刊不等同于文艺期刊，它的外延要小于文艺期刊，文艺期刊包括文学和艺术期刊两种，而艺术期刊只包括刊登以电影、戏剧、音乐、美术等相关艺术为主的刊物。其次，辨析两个分类。艺术期刊也不同于文学期刊。文学和艺术在定义上原本就有一定的区别，在现代通认的划分标准是，"文学"就是指用语言塑造形象以反映社会生活、表现思想感情的；"艺术"是指除文学（语言艺术）以外的所有艺术形式，包括音乐、舞蹈、美术、电影等，它是用具体分类的艺术手段来塑造形象、反映生活、表现情感的。文学和艺术不管是从属关系也好，还是并列关系也好，它们之间的区别是存在的，因而两者也是不同的研究对象。作文学期刊研究的专家学者有不少，他们都将一份刊物中文学作品分量占据最多的，才称为文学刊物，所以这也可以当成是文学期刊的分类标准。而艺术期刊如何判定和区分呢？通过现代期刊发展史上，可以明显观察到，从20世纪30年代以后，尤其是上海"孤岛"时期的一些期刊，出现了一种综合多元化的发展趋势。也许是为了吸引读者、增加销量的原因，很多艺术类刊物中艺术与非艺术同时并存的状态非常普遍，就像是一本杂志上既有剧照、乐谱、剧本、雕塑、绘画等艺术作品的刊登，也有一些政治时事报道和社会现象评论。因此，如何来划定一本期刊到底是不是属于艺术期刊也就成为一个问题。参照文学期刊的定义划分标准，一本期刊中，如果艺术类的作品和艺术思想理论占据大多数版面、具有较大分量和比重的话，那么就可以列入艺术期刊的范畴之内。例如，《文艺世界》《自由评论》《上海周报》《远东画报》《摩登》等，这样的刊物中，每一期都有艺术作品或艺术思想的刊登，而且版面占据一大半，所以可以算是艺术刊物；而像《长风》《女星》《万象》《摄影新闻》等刊物，虽然有时也包含有艺术类的板块，但并不是期期都有，或者是每期占有超过一半的比重，所以就不能算作是艺术期刊。最后，阐释两者之间的差别。前面绪论中已经谈到本文的研究对象是"孤岛"时期的艺术期刊，而非文学期刊，但在同样的海派文化语境影响下，两者虽然也呈现出相同的风貌和个性特征，但具体而言，艺术期刊的种类更加多样化、形式更加综合化、表现也更加立体化一些。"孤岛"上的众多文学期刊，尽管也有这样或那样的不同文学流派的差别，却大都面目模糊，不仅种类较少、形式单一，而且发展空间上非常平面化。加之研究"孤岛"文学及文学期刊的前辈学者已经有多人，而"孤岛"艺术期刊的研究还尚属空白，所以同样是作为海派研究的一个分支，本书的研究对象自然而然就放在了别具特色的艺术期刊之上。如果说，文学期刊是关于海派文化绘声绘色的语言记载的话，那么，作为各类艺术传播媒介的艺术期刊，就是海派文化活色生香的形象记录。

因此，无论是文学期刊还是艺术期刊，它们都是为当时社会历史构建起文化机理的一面反射镜或一扇透视窗，都既受到了海派文化的滋养，也同时塑造并构成了后来的发展的海派文化。

二 "孤岛"气候对海派文化的渗透和影响

海派文化源远流长，发展至今，已经走过了一百多个年头。从1843年晚清政府把上海作为通商口岸之日起，海派文化就经历了沧海桑田般的巨变，上海城也逐渐完成了从一个小渔村到国际大都市的华丽蜕变。有很多学者将海派文化的发展阶段作了总结和归纳，大体

上可以划分为生发期、辉煌期、转折期、成熟期四个阶段。首先，从
1843 年到 1898 年是海派文化的孕育生发期，这一时间段的吴越等江
南文化为海派文化的形成打下了基础。因为"上海文化的底子是古代
吴越和明清江南文化。这个地区经济开发早，文明历史悠久，与中原
联系密切，文化积累也相对丰厚"①。海派文化在这些文化的交织汇
聚下，开始慢慢滋生开来，尤其是到了 19 世纪末，随着上海港岸的
贸易往来越来越频繁，加之后来戊戌变法、洋务运动的展开，自由主
义之风劲吹上海，上海也是全国最先接受欧风美雨洗礼的城市。上海
地区的戏曲、绘画等艺术活动也逐渐形成了带有部分西方商业化、职
业化、现实化、市民化的海派风格。其次，从 1898 年到 1949 年新中
国成立之前，尤其是 20 世纪三四十年代，是海派文化在上海的辉煌
发展期。这一时期的海派文化，在与京派文化的论争中逐渐成长壮大
起来，形成了独树一帜的文化流派。通常认为，沈从文于 1933 年 10
月在《大公报》文艺副刊上所发表的《文学者的态度》一文就算是
挑起了现代文化史上著名的"京海之争"。他用"玩票""白相"等
字眼批评并讽刺了一些对自己工作和事业缺乏热忱态度的文人，认为
"这类人在上海寄生于书店、报馆、官办的杂志。这类人虽附庸风雅，
实际上却与平庸为缘"②。其中，"白相"这个词是上海方言，是指不
务正业、游荡为生，从中可以很明显地看出沈从文对上海文艺的不
满。而在《文学者的态度》发表的一个月之后，上海的苏汶（即杜
衡）首先在 1933 年 12 月 1 日出版的《现代》杂志上做出了回应，发
表了一篇文章——《文人在上海》。他在文中解释了"海派"这个
词："例如居留在上海的文人，便时常被不居留在上海的文人带着某
种意味的称为'海派'……文学界中的'海派文人'这个名词，其
恶意的程度，大概也不下于在剧界中所流行的。它的涵义方面极多，
大概地讲，是有着爱钱，商业化，以至于作品的低劣，人格的卑下这

---

① 陈伯海主编：《上海文化通史·引言》，上海文艺出版社 2001 年版，第 9 页。
② 沈从文：《文学者的态度》，《大公报》1933 年 10 月 18 日。

种意味。"① 后来，越来越多的文人艺术家卷入了这场争论，有人分析海派文化流行的背景原因，有人为海派艺术的市场商业化和市民趣味性作辩解，还有人为海派艺术的良性发展建言献策，凡此种种，均表征出海派文化在社会上的流行与兴盛，在黄金时代中逐渐成长为一种能够与正统京派文化相制衡的大型文化派别。然而，到了新中国成立后的二十几年间，海派文化可谓遭遇到了两个不小的转折。第一个转折是从 1949 年到 1965 年，自北京作为首都之后，许多文艺工作者前往北京去工作，就连商务印书馆等文化出版单位也移至北京，上海已经失去了全国文化中心的地位，海派文化开始随着新中国的政治转向而出现新的转折和变化；第二个转折是 1966 年到 1976 年，"文化大革命"的十年期间，一场浩劫摧毁了海派文化的发展进程，包括整个中国文化都遭遇到了毁灭性的打击。海派文化在这期间的停滞不前与裂变性转折，使得后人皆为之惋惜慨叹。后来，经历了"文化大革命"后的恢复调整，特别是 1978 年改革开放以后，在党的十一届三中全会的精神方针指引下，上海地区的文化艺术工作逐步走上了正轨，上海这座城市又开始重新站立于东西方经济贸易与文化交流的中心地位。据此，海派文化也在此基础上再次焕发出青春与活力，其文化产业体系也相对成熟起来，并且逐步走向了新的辉煌。

可见，整个海派文化的成长历程充满了艰辛与挑战，不论是海派绘画与海派戏曲，还是海派电影、海派话剧和海派乐曲，这些海派艺术也历经坎坷和裂变，一起参与并建构了每一个时期和阶段的海派文化。特别是"孤岛"时期，海派文化虽然在这一段时间里依然是沿袭着战前的辉煌成果继续繁荣发展的，但也产生了一些变化。从最直观的文化载体——文艺期刊上来看，"孤岛"之前的海派文化和"孤岛"时期的海派文化最大的区别就是"孤岛"意识的凸显。因为特殊的政治社会环境必然会产生特殊的文化艺术，所以生活在"孤岛"

---

① 苏汶：《文人在上海》，《现代》1933 年 12 月 1 日。

这个特殊的"地狱天堂"里的文艺工作者，他们所创作的作品、所写的文艺思想、所出版的文艺期刊必然会带有"孤岛"的特殊印记。

当时的很多文艺刊物上出现频率最高的文字就是"孤岛"这个词，例如，"孤岛天堂""孤岛电影""孤岛文化""孤岛不孤""孤岛话剧""孤岛画展""孤岛乐曲""孤岛遐想""孤岛教育"之类的标题或文章层出不穷。像董焕文所写的《孤岛形色咏》："战气初散浦江边，鼓乐声喧胜似前，繁盛原由消费起，岁疑又过太平年。河山色变主权更，善恶渊源由此生，苦海漂浮随浪逐，满城风雨鬼神惊!"① 还有人描述自己在"孤岛"上过年的情形："出门来，马路上是静静的，往来行人都轻松地，一见到熟人终是一句恭喜发财，来结束这次年初一的会见，看他的内心是怪苦的。"② 这就充分说明，"孤岛"时期的人民生活以及文化活动都异常艰难，就拿文化艺术的传播宣传活动来说，当时各类报刊的出版发行都受到了日伪严酷的监视和管制，尤其是大部分的文艺刊物因此停办或把办刊机构移出上海，这个时期"孤岛"出版的文艺期刊即便也称得上繁荣，但是大部分呈现出打"游击"的状态，或利用洋商，或假借外侨的名义来维持生存。同时，虽然这一时期的文艺期刊销量大增，各式各样艺术期刊的兴盛为"孤岛"的文化景观增添了浓墨重彩的亮色，然而却也凸显出当时留守"孤岛"的文艺工作者的尴尬处境。饱受煎熬的他们不断地在各类刊物上抒写自己与"孤岛"对话中的焦虑和不安，因为"孤岛"不仅是个地理空间，更像是当时人的精神空间和文化空间，所以海派文化中也被渗透进去了"孤岛"文化人的那种疏离和忧郁的情绪体验。纵然，经历过传统海派文化滋养孕育的艺术家，他们在"孤岛"时期依然沿袭着之前的创作风格，注重文人文化意识和市民文化意识的双重诉求，追求享乐式个人主义价值观与市民意识相契合，但在这个飘荡的"孤岛"之上，他们仍不免有随时要倒下来的

---

① 董焕文:《孤岛形色咏》，1939 年，上海市档案馆藏，档案号：G106-0-114-120。

② 《第二个孤岛新年》，1939 年，上海市档案馆藏，档案号：D2-0-2415-30。

感觉，岌岌可危、如履薄冰。海派文人想要通过以个人情怀来书写集体记忆的方式，去追求艺术场域内的安稳和胜利。但"孤岛"上的海派艺术里，早已经切断了可供插足的稳定根基，所以这时候的海派文化就变成无根的、漂泊的、不安宁的游魂，飘荡在十里洋场。如同"孤岛"文艺期刊上刊登的小说、散文、话剧等，其中无时无刻不传达出创作者的漂泊情绪，这不仅与当时全国其他地方的文艺作品中所表现出的革命思想、爱国救亡思潮已经脱节乃至断裂，更反映出海派文艺工作者迷茫地想要去寻找自己的生存位置却又始终追寻不到，想要在大时代的变革中寻求自我身份的文化认同却又找不到人生的理想支点，于是只能在夹缝中艰难求生的现实窘境。因此，海派文化就是这样，在"孤岛"大气候的影响和渗透下，慢慢地形成了特殊的而不同于之前的海派气质。如同此时的文艺期刊一样，海派文化中既充满了批判性、哲理性、闲适性的精英意识，也充斥着非崇高性和反重大性的市民意识；既有面对商业语境的欲拒还迎的纠结，又有面对政治语境的抑郁漂泊的失落话语心态。

可见，同样是处于辉煌的黄金发展期，"孤岛"时期的海派文化是繁荣而畸形的、光耀而孤寂的、辉煌而异类的、骄傲而失落的，恰似一朵奇异艳丽的花，开放在冷清的花园一隅，呈现出一枝独放的尴尬局面。

三 海派文化与"孤岛"艺术期刊的互文性

西方学者认为，大众文化的产生首先是因为城市人口的增加，同时，"整个社会的发展更是起了重要的作用，其中包括价值观念的普及、全方位化的民主化和个人在文化生活中地位的提高等因素"[①]。诚然，西方学者理解的大众文化其实是一种消费性的城市文化，是现代工业社会的产物。同样，无可否认的是，20世纪三四十年代的上海，作为一个国际化的现代性都市，被称作"东方的巴黎""东方的

---

① [匈] 阿诺德·豪泽尔：《艺术社会学》，学林出版社1987年版，第253页。

纽约",其城市人口规模快速膨胀,工商业现代化程度位居全国前列,人均消费水平也节节攀升,可以说,在那个时候,海派文化就是上海社会最为盛行的大众文化,艺术刊物就是当时大众文化的产物。"孤岛"时期复杂的政治语境、社会经济不仅繁衍出特殊的艺术期刊,并且在维持着海派文化继续繁荣的同时,也对海派文化产生了影响和作用。鉴于"孤岛"艺术期刊与海派文化之间的这种互文性,将两者放在一起研究,就显得很有必要。

一方面,毋庸置疑的是海派文化在很大程度上影响了"孤岛"艺术期刊的创办风格。众所周知,海派文化是在东西方文化不断交叉与碰撞之下融合的产物,是一种非常具有典型代表性的现代都市商业文化,海派文化在颠覆中国传统文化——京派文化根本属性的同时,也引发了上海乃至全国社会各个方面的现代性变革。而上海地区创办发行的艺术期刊正是在这种文化语境下发展起来的,和全国其他地区相比,上海地区的艺术类刊物很大程度上迎合了在现代都市生活的市民心理和审美趣味。即使是到了"孤岛"时期,这种文化现象也没有式微,反而有增无减。

第一,海派文化开放包容、海纳百川,深受西方现代性理论的影响,在汲取西方18世纪以来的启蒙思想之后,也逐渐对科学与理性表现出认同,并且追求个人的自由与解放,追求现代化都市社会的生活。"孤岛"艺术期刊中,有超过半数的刊物都刊登有对各个艺术门类或总的艺术美学的理论引介、宣传、启蒙、教育,还有很多期刊就是艺术专业类的学术刊物。譬如,上海美术界月刊社编辑出版的《美术界》,每一期都登载美术理论、技法、鉴赏、批评、史实报道等内容,并有图画、图案、西画、雕塑、音乐、艺术教育等;而上海艺术学会于1941年编辑发行的《上海艺术月刊》,也是以研究学术为主要任务,以发扬艺术文化为宗旨,范围包括绘画、雕塑、文艺、音乐、戏剧等,其中尤以绘画为主。除此之外,还有很多音乐类、电影类、话剧类、戏曲类的理论性较深的期刊,都是既普及专业理论知识,又培养都市流行审美趣味。

第二，众所周知，海派文化重商，重物质功利的商业观念深入海派艺术的每一处文化肌理的褶皱深层。透过海派绘画、海派戏剧、海派电影的发展，我们就可以看到，当时没有哪一种文化会像海派文化一样如此看重市场、重视消费的。所以，即使是处在战乱时期，"孤岛"艺术期刊中还是有很多看重"生意眼"的，以谋求商业利润为主要目的的刊物类型。比如，各类电影公司为推介新片发行的附属类电影刊物，还有各大演出剧团推出的广告性质的期刊等，诸如，新华、金星、艺华等影业公司旗下的《新华画报》《金星特刊》《艺华画报》，作为一种宣传工具与附属商品，它们每一期几乎都占用大量篇幅来介绍、推广公司拍摄的新片和培养的明星，主要包括剧本（本事）、演员剧照、主题歌谱、相关影评及电影海报等，其商业诉求可见一斑；还有 1940 年的《越剧月刊》，主要刊登有关戏院里越剧和越剧演员的各类消息，以此来增加卖座率。

第三，海派文化在 20 世纪二三十年代崛起，成为典型的带有异质特征的文化范式，因而，作为一种大众文化的海派文化最重要的特点，是与此时市民阶层大量扩张一跃成为社会的重要阶层有着直接的关联。市民大多习惯于娱乐化的消遣生活，所以海派文化也注重满足市民趣味性的审美需求。与此同时，上海很多艺术期刊的创办从一开始就接受并认同了西方现代资本主义市场经济以及在此经济秩序之上建立发展而来的海派大众娱乐文化。尤其是"孤岛"艺术期刊，在一定程度上总表现为通俗阅读文化的代表，因其往往都在迎合最大多数读者的"市民趣味"上做文章。例如，1935 年 7 月至 1938 年 10 月在上海发行的《娱乐》半月刊（后改为周刊），在"孤岛"时期兴盛一时，其中的很多文章，像是《女厕所》《便于偷摸》《老资格：供女人搂抱的男子》[①] 之流，虽然看似庸俗不堪，但却也是在很大程度上满足了当时市民们的阅读趣味。当然，除此之外，"孤岛"艺术期刊也多有一些表明抗战立场和爱国主义情怀的格调，但是他们的民

---

① 参见《娱乐》半月刊，1938 年 10 月。

族主义立场表现得更加曲折、隐晦，像是戴着面具、戴着脚镣和枷锁在无奈地与现实作抗争，这跟当时特殊的政治环境有很大关系。

诚然，海派文化对"孤岛"艺术期刊产生了深刻的影响，但在另一方面，"孤岛"时期的艺术期刊却也形成并塑造了海派文化。"孤岛"时期留在上海这个阵地的文化工作者，很大一部分有志之士都坚守"孤岛"艺术期刊的创办格调，不让它流于艳俗。从而，很多具有精英意识的"孤岛"艺术期刊改变了海派文化，使其更加关注现实生活，同时也变得更加高雅，具有自身的格调。从前"海派，是属于新兴的市民阶级的艺术，夸张、过火、趋重写实，格律范围不住的创造发展，在嘲谑哄笑中针世砭俗"①。但在后来的发展中，花样不断翻新，以至于走火入魔，削弱了海派传统的现代意识，不免多了几分世俗、庸俗乃至低俗的味道。而"孤岛"艺术期刊中的大多数始终保持自身的特质，没有过分地追求商业利益和娱乐功效，而是在商业语境中不弃文化诉求，在娱乐消费中不忘寓教于乐。就像"孤岛"娱乐月刊《百美图》（*Hundred Beauties*），1938年11月创刊于上海，停刊于1939年8月，共发行7期。由章秀珊主编，艺友出版社出版，属于综合性影剧娱乐刊物。其主要撰稿人包括李文浩、魏新绿、梨木凉、怀春、寒梅、摩登博士、江东恨石等。该刊图文并茂，主要分铜图和文字两大方面，刊登戏剧、电影、歌舞界知名人士，以剧照、生活照形式反映他们的形象动态。其中有梅、程、尚、荀四大名旦与李少春、马连良等演出剧照及其生活逸事介绍。曾刊登过的文章有：《闲谈昆曲》中作者追述了昆曲的来源，分析了昆曲的音律之严格、格式之繁难。《由看戏谈到做工》中作者将南方的看戏与北方的听戏作比较进而阐述南北方戏剧的不同。《论皮黄之板眼》中作者分别介绍了皮黄中的慢板、原板、倒板、摇板、二六板和快板。《梅程孰优论》中作者认为梅兰芳擅长调，程砚秋擅长腔，两者擅长的地方不一样，所以不好说谁优谁劣，只是见仁见智。《百美图》是近代上海著

---

① 槛外人（吴性栽）：《京剧见闻录·自序》，宝文堂书店1987年版，第6页。

名的娱乐读物,是今天研究近代影剧娱乐史和社会生活史的重要史料来源。还有像是 1938 年在"孤岛"上海创刊,由文氏音乐社编辑、银花图书出版公司发行的音乐期刊《歌曲精华》,对于研究孤岛时期上海的文艺界特别是上海歌曲的概况及发展有一定的作用。它创刊的目的在于针对当时市场流行歌曲,但也存在因没有正当材料,容易变成俚歌俗曲的问题。它为喜爱音乐的市民提供途径和正确的导向,同时介绍不同地域和风格的音乐,方便不同需求的人群。这样的期刊不胜枚举,把"孤岛"上的生活和个人体验放在第一位,这样也让后来的海派文化更接地气,更多地注重现实生活和作为个体人的情感体验,同时更重要的是,剔除了很多低俗的文化糟粕,保持并提高了自身的品位和格调。

可见,海派文化与"孤岛"艺术期刊之间有着极强的互文性,它们就是这样相互影响,相互塑造,相互构建,保持着水乳交融、循环往复的密切关系。

第二章

文本·理论·想象：从"孤岛"
艺术期刊看海派文化的现代性回响

从中国早期期刊发展至今，都市文化一直是艺术期刊文本里最为常见的隐喻空间。无论是以摩登外滩、十里洋场为表现区间，还是把现代化生活、启蒙性教育当作创刊宗旨的艺术期刊，它们对海派都市文化的呈现与描绘并不是一个完全中立或者价值无涉的过程，因为绝大部分的艺术期刊与上海这座城市都保持着一种水乳交融、循环往复、纷繁多元、互动互融的关系。同时，也正因为"都市化伴随着工业资本主义的扩展而来，它不仅直接彰显出人类生活模式趋向现代的历史性转变，更是导致此一转变的重要动力"①，因而，当时的艺术期刊不仅记录着城市的文化风貌，而且影响着现代都市中的社会文化的空间转变。这无论是从文字语言、封面插图，还是以理论书写、知识引介与社会想象来看，"孤岛"时期的艺术期刊既非常明显地带有着海派文化的现代性审美特质，又参与了当时上海"孤岛"社会的现代性理论启蒙与都市文化建构。

第一节　文本分析："孤岛"艺术
期刊的现代性审美特征

随着铜版印刷术的逐渐普及，民国时期的上海期刊一直以制作精

---

① ［英］大卫·克拉克：《窥见电影城市》，大卫·克拉克编《电影城市》，林心如、简伯如、廖勇超译，台湾桂冠图书股份有限公司2004年版，第4页。

美、亦文亦图、丰富多彩而驰名。而到了"孤岛"初期，由于战争影响下的复杂政治局面与混乱经济状况，几乎所有的大型出版印刷公司都被迫停业，书籍、报纸类的出版发行业呈现出一片萧条凋零的驳杂场面，大部分杂志刊物不能定期印售，只能断断续续地、零零散散地印发，有的期刊甚至休刊乃至绝迹。但即便在如此恶劣的媒介生态环境当中，在"孤岛"时期持续发刊的艺术期刊仍不在少数，相较于停滞不前的书籍等出版物，艺术杂志的创办却在"孤岛"局势稳定之后的中后期开始蓬勃发展起来。这些艺术刊物不仅继承了"孤岛"前期的白话文语言风格，还开创出极具现代性审美意义的图片排版样式，可谓是文图并茂、相辅相成、妙趣横生。

一　高雅与通俗并行的现代白话文

"孤岛"艺术期刊使用的语言文字都是白话文，这其中，既带有高雅的新文体色彩，也含有通俗的大众语风格。白话文是相对于古代文言文的一种更为简单直白的文体形式，即用白话写成的文章，但同时也要比口语更加书面化。古代文言文是以先秦口语为基础，将秦汉时期的经典范文作为模本，经过了长达千年的封建传统意识形态的洗礼和强化而形成，被视为一种正统的书面文体。而白话文始于唐宋以来的口语白话，并在此基础上形成，最开始要么只用于诸如唐代的"变文"①，宋、元、明、清时期的小说、语录②、话本③等通俗文学作品，要么见于宋元以降的部分官修文书及学术著作。到了"五四"新文化运动以后，白话文才在社会上得以普遍应用。其实，早在唐朝

---

① 唐代寺庙，宣传佛教，用讲故事的方法吸引群众。一边展示图画，一边说唱故事。图画称为"变相"，说唱底本称为"变文"。有散文韵文相间的，有全部散文的。后世发展成为鼓词和弹词。这是早期的白话文学。

② 宋代的"语录"是又一种早期的白话文学。起初，禅宗佛徒辑录师父言谈，用口语体。后来，宋代理学家程颢、程颐的门人，也用口语体记录老师的言论。

③ 宋元间盛行"话本"。这是说书人讲说故事的底本。"话"是故事，"本"是底本，分为小说和讲史两类。前者多为白话短篇，后者是浅近文言的长篇。

大文学家韩愈发起的反对骈体、提倡散文的"古文运动"① 开始起，到宋元时期具有小脚不敢放得太大的"半大脚"风味的通俗文学，再到用当时白话书写的《水浒传》《金瓶梅》《红楼梦》等为代表的明清章回体小说，最后到清末维新运动时期的黄遵宪、陈荣衮、裘廷梁等人"崇白话、废文言"② 的白话运动，这些都使白话在民间得到了广泛传播。只是革新思潮澎湃的"五四"新文化运动，才彻底让白话文挣脱了文言文在字词、句法、格式上的诸多束缚和限制，甩掉了旧传统的裹脚布，放开了双脚快步向着现代化的方向大步前进。

通过援引米莲姆·汉森、张真等学者对于白话文的相关阐释，可以发现，使用白话文的意义也就在于一种"由语言和建筑等领域共同'发现'的白话作为一种广泛的基础，使得现代意义上的'巴别塔'得以建立"③。从很大程度上来讲，现代白话文与古体文言文之间的抗衡与较量，也即是两种截然不同的社会意识形态与思维价值体系的碰撞。事实上，民国上海这座充满了现代性的国际化都市，最重要的一个体现就是它的时髦摩登，而在摩登中浸透了这种刚刚被大众接受的流行白话元素，后或被视作灵感的源泉、怀旧的梦魇，或被嘲讽和唾弃覆盖。生活气息浓厚、富有表现力的生动甚至泼辣粗犷的白话文与现代性就这样产生了不可分割的密切关系。由于"五四"时期的白话文运动，广泛接纳并吸收了西方外来的词汇、句式和文法资源，而不仅仅是停留在语言、文字层面，并且还在思想的领域内展开了一

---

① 唐代韩愈（768—824）提倡散文，反对骈体，史称"文起八代之衰"。八代：东汉、魏、晋、宋、齐、梁、陈、隋。骈体起源于汉魏，成熟于南北朝，讲究对仗和声律，四字六字相间，称"四六文"。韩愈反对这种注重形式、束缚思想的文体，提倡接近口语、表意自由的文言散文，使文体恢复到未受骈体束缚以前的时代，所以称为"古文运动"。"古文"其名，"革新"其实。

② 裘廷梁在《论白话为维新之本》文章中提出"崇白话、废文言"。他说：白话有"八益"，其中"省日力（时间）、免枉读（误解）、便幼学、炼心力（思想）、便贫民"等项是先进思想。

③ 张真：《银幕艳史——都市文化与上海电影（1896—1937）》，上海书店出版社2012年版。

场巨大的自下而上似的"自足变革"，这同当时人们的整个思维观念的革新以及国家政治、经济、文化的现代化运动都紧密联系。然而，其实白话性和现代性两者之间更像是"一对连体双胞胎，彼此紧紧相拥，但既相互依赖又相互竞争。在这一矛盾的共生关系中，赤手空拳与机器相联合，原始技艺渗入了'第二自然'的领域。工业时代的'白话性景观'由物质文化（包括游乐场、电影院等建筑形态）以及现代性的社会体验和情感体验组成。它自然是渗透性的、活跃的和生命力旺盛的"①。正如波洛克所推论的，无论何种白话运动都不可避免地"包括对某一被支配和被迫变化的历史的回应，伴随着对自身压抑的传统的批判，却又出于某种目的，寄希望于用一种白话性的方式将自身所固有的资源塑造为一个具备世界性的未来"②。

"孤岛"时期的白话性景观亦是如此。虽然之前的各类报刊也都大量使用的是浅显易懂的文字、语言，但是在"孤岛"这个特殊的时局之下，通俗白话文的发展更趋于成熟，"新文体"和"大众语"冲破了重重阻碍，裹挟着现代文明出现在各大期刊之上。与此同时，更重要的是，"孤岛"艺术期刊最大的特点，即文体是白话的，内容是新颖的，思想是前卫的，这一点也就愈加符合"五四"以来的现代新文化的精神。"孤岛"艺术期刊中的文字语言也大多遵循胡适在《文学改良刍议》中提出的八大主张："一曰：需言之有物；二曰：不模仿古人；三曰：需讲求文法；四曰：不做无病之呻吟；五曰：务去烂调套语；六曰：不用典；七曰：不讲对仗；八曰：不避俗字俗语。"③ 其中，艺术期刊中的现代白话文高雅与通俗并重，既有夹用

---

① 张真：《银幕艳史——都市文化与上海电影（1896—1937）》，上海书店出版社2012年版。

② C. Aheldon Pollock："Cosmopolitan and Vernacular in History"，*Public Culture*，Vol. 15，No. 2，Fall 2000，p. 624.

③ 胡适：《文学改良刍议》，http：//baike. baidu. com/link？url＝VhCF6qYUS7pNSoOVbjRDfbMVZX—AEOZDGkJXU2m01om_ Kc6lILbbhnDbyshACQ44pQUqlmM6a5LOseeXBnJPLq。

古语文言的"新文体"①，也有彻底口语化的"大众语"。例如，《电声》《电影新闻》《影戏弹》《戏世界》《戏剧杂志》《独幕剧创作月刊》《剧场新闻》《小剧场·半月丛刊》《金城月刊》②《文献·日本侵略中国电影的阴谋特辑》③《美术杂志》《音乐月刊》《现代艺术》等，都属于"孤岛"时期多使用"新文体"白话的艺术期刊；而像是《电影漫画》《明星小画报》《电影圈》《西施》《影迷周报》④《戏剧画报》《西洋美术杂志》《银坛歌选》《银歌集》《女星》《仙乐画报》《享乐图画月刊》《娱乐半月刊》等，其刊登的文字多属于通俗口语化的"大众语"。就拿同一份期刊来说，"孤岛"时期持续发刊的《青青电影》《美术界》等杂志，其中所用的现代白话文也兼具高雅与通俗这两种并行不悖的风格。《青青电影》在战前一向以趣味性见长，到了"孤岛"时期，《青青电影》的主编严次平等人改变了

---

① 源于清末的"新文体"，是指夹用口语的"通俗文言文"。

② 《金城月刊》于1938年在上海创刊，刊登的主要文章有：《孟姜女的历史价值与社会影响》《一个影迷的自白》《一月一谈：中国影坛也有"一窝蜂"的脾气……》《剧本荒与人才荒》《周璇论》《电影的分工》《感言：这两年，历史电影在孤岛大走其红……》《孤岛是乐园》《电影明星的性生活》《三言两语：刺探：目前电影刊物争载电影从业员的私生活……》。

③ 1938年10月10日，八路军驻沪办事处主办的《文献》月刊在上海创刊，由钱杏邨（阿英）主编，风雨书屋出版。《文献》月刊是一个文摘式资料性刊物，按月汇编各报刊发表的有关抗战的文章、图片。曾登载中共扩大的六届六中全会的电文和决议全文、毛泽东在六届六中全会上作的报告全文、《抗战以来的陕甘宁边区》专文、《林伯渠在陕甘宁边区第一届参政会的工作报告》、毛泽东的《论鲁迅》、周恩来的《论继续抗战必获胜利》和《周恩来论抗战新阶段与侵略者新政策》，朱德的《朱德总指挥论第三期抗战与华北》《朱德论抗日战争的战略问题》等重要文章和讲话。《文献》后期编印过副册，有《文艺文献》和《妇女文献》两种；还印了近10种单行本，如毛泽东的《抗日游击战争的战略问题》《论持久战》等。1939年5月10日出版第8卷后，由于日本侵略者的破坏，被迫停刊。

④ 《影迷周报》，1940年由姜星谷主编在上海创刊，由五洲书报社发行，周刊，该刊属于电影刊物，停刊时间及原因不详。主要撰稿人有李萍、吴谷、丁舜若、梅御、闵夫等。主要栏目有长篇连载、私生活特写、一周间影坛、上海舞国的红星、香港闪电通讯、香港特讯、香港快报等。主要登载影人近况、香港快讯、一周影坛动态、新片拍摄花絮、演员演技、私生活及一切杂谈，刊有号外"影坛十大美人集"。

原来的谐趣性文字风格，朝着幽默而不失严肃、通俗而不失正统的方向发展。以"孤岛"前 1935 年和"孤岛"时 1939 年的"影人小史"一栏目为例，在评价赵丹和黎莉莉时分别这样写道："赵丹在《乡愁》之中的化妆，的确，他在演出上是很不差的，但是，赵丹在艺术上的修养很少吧！听说他的架子很大，真的，他自以为是了不起的大明星了，在我以为，戏演得好，化妆得像，这是你们电影从业员应有的技术啊?! 有什么架子可以搭呢?! 你不过是个初出茅庐的孩子呢！你没有碰见电影皇帝金焰，银坛霸主王老高吧：他们待人接物是以怎样的礼貌，哪里有你这样的架子呢！影迷可是你们的观众。等于商店里面的买客一样，倘你一到商店买东西，店家对你不客气，你下次还会光临么？影迷也是一样的啊！听说你把影迷的来信几次不回，还要骂声讨厌，有不?! 这样，在我以为，这是电影从业人员不该有的啊!"① 与 "从黎锦晖主办的明月歌舞社里走到银幕上的四大天王，其中在影圈里一举成功而始终头角峥嵘，一直到现在仍然保持着她的地位的，当然无疑是黎莉莉了。黎莉莉是明月歌剧社的台柱之一，也是黎锦晖的得意门生，自明月解散而入联华公司所组的联华歌舞班，于是也就借着这个机会得以与联华影人接近，到后来，为了联华当局减省许多无谓的消耗起见，歌舞班被解散了，她就正式入了联华的阵容，而蜕化为一位正式电影演员。孙瑜编导的《火山情血》的公映，这位舞台上的姑娘担任了此片的主角，她那活泼的个性，健美的体格，被公认为典型的'甜姐儿'，尤其是一般学生层的青年观众们，把黎莉莉简直看作他们'理想中的女星'。同时，导演人孙瑜为了适合她的个性，特地为她编制了几个剧本，如《体育皇后》《大路》《小玩意》，等等，更使她获得了艺术上的成就。曾经有一时期，人们传说她与孙瑜发生恋爱关系，可是，事实证明并无其事，二年前，赴内地工作，并与静予结婚，其为中电的红人，夫妻俩时常乘飞机往

---

① 《明星新片·乡愁》，《青青电影》1935 年第 1 期。

来于川港两地。"① 这两种类型的明星评论，之前一篇大量使用"呢、啊、吧"等口语化词汇，侧重于对明星逸事的描述、调侃和讽刺；后一篇同样也有描写明星八卦绯闻，但用词颇为讲究，鲜用"呢、啊、吧"等调侃性语气助词，并且力求客观描述事实，可谓通俗却不失雅正。而在"孤岛"时期创办的《美术界》杂志，有一期特邀几位画家及美术评论家在《美术界往哪去》一文中发表见解，其中，汪声远写道："画术之美，如我故乡山水之大好，今流离失所，而黄山白岳，时萦梦思，思乡乎！思美乎！有询我将何往者，吾其能弃最美之山水而远故乡哉。"周某某发表："能够摒除孤立主义，则可发展集团的力量；能够把握着时代，则不致为社会的不断进展的洪流所锐减；能够认识自己是劳动者的一环，则不至于陷入才子佳人和洋场恶少的黑暗里，相反的，正可以唤起无限的同情者，牵手前进，冲破魔鬼的封锁！"陈抱一说道："纵使现在美术界还是昏迷着、彷徨着或停滞着。……总有些人会发现光明的目标，把美术界推进到光明的境地，使它健全地生长起来。"② 凡此种种，我们能够在同一本期刊中的同一篇文章中看到高雅与通俗两种用语的白话文出现，这些白话文的应用，使得读者尽可以根据自己的阅读来判断这些在中国现代出版史上发生过重大影响的时尚杂志的文字品位。

这些期刊上的现代性白话带有独特的现代主义的历史文化标记，就好像"孤岛"前上海早期开埠以来的现代性的国际文化，当然这种现代性的文化在很大程度上还是西方殖民主义与工业资本主义杂交的产物。"孤岛"时期的这种白话得到了加强，使得一个文本能够更广泛地在上海"孤岛"这片来自不同教育背景、日趋扩大的读者群体中流传，借此重构了新的高雅和通俗并行的白话文化，不得不说这都体现出了当时民众对与世界接轨的渴望和民族性的诉求这两种复杂的情绪矛盾共存的特殊境况。被迫现代化和向世界开放的压力，推动

---

① 《影人小史·黎莉莉》，《青青电影》第4年第11期，1939年6月13日。
② 参见《美术界》杂志，上海美术界月刊社出版，第1卷第1号。

了当时处在特殊境地中的人们去探索更民主化的书写方式，以期不仅能够表现当时生活的现代性与复杂性，同时也能够将本土"白话"的多元化，融入官僚、百姓、精英、大众都可以理解的标准化文本当中去。

二　经典形式与带趣味美感的图片

"孤岛"时期的艺术期刊不仅文字风格独特，而且各种类型的图片也极具现代性审美特点。"孤岛"杂志社的众编辑深知图片是抓住读者的一种最为直观的手段，也是吸引眼球经济的一种最为丰富的资源，因而在制作期刊时添加了大量插图和绘画。由于铜版印刷技术的改进发展，那些期刊上的图片、相片不仅以自身构图和色彩的艺术美感取胜，而且其蕴含并传递的丰富信息量也令人感叹，因而当时的期刊在整体上图文并茂、生动形象。"孤岛"时期几乎每一本艺术期刊上的图片和文字都很丰富多彩，两者互相陪衬、相得益彰，就连像是《电影新闻》《电声》《新华画报》《青青电影》《戏剧杂志》等以文字见长的艺术期刊，也时常给一些重要篇章配上照片或插画，以发挥图画特有的优势。因而，从某种程度上说，文字是艺术期刊的内在框架，图片则是艺术期刊的外在形式，而外形的好坏往往就会决定一份杂志的质量高低。

通常来看，"孤岛"艺术期刊上的图片大致可以分为影戏剧照、明星写真、艺术品照、漫画插图、社会新闻、歌曲乐谱这六种类型，大多遵循把主体置于视觉中心的经典构图原则，多用特写画面来突出主体、强化主题，还常利用主体与陪体之间大小、明暗、色彩、虚实等对比来表现主要对象。而这些剧照、图片生动的形象、经典的构图，都具备一定的艺术特征和美学风格，而这些都依赖于期刊摄影美术关于光线、影调、色调的艺术传达。

这些相片（见图 2.1 至图 2.4）① 均出自"孤岛"时期的代表电影期

---

① 参见《新华画报》1939 年 3 月 1 日。

图 2.1

图 2.2

图 2.3

图 2.4

刊《新华画报》，该期刊把诸多影戏剧照、明星写真进行视觉图谱似的排版，利用摄影色调的明暗层次与各种颜色之间形成的关系，来展现主体形象。由于光线的强度与照射角度的不同，色彩的明度与饱和度也不同，色调不仅可以来源于实体本身，也可以借助于后期排版、印刷技术等来对色彩进行人工调节，可以进行改变或强化。所以在很多摄影图片中，需要通过色彩、影调的对比与和谐来形成作品的基调、表达作品的主题与情感，从而使得这些电影、明星、演出、活动的照片能够极大地满足读者的观赏需求。由于当时摄影的艺术形象就是直接由影调的不同层次所呈现出的黑、白、灰三色构成的，所以为了与相应的主题和情感传达相适应，创作者可以通过影调层次的丰富性来展现主体形象。比如说，"上海各界征募难民寒衣游艺会在大陆游泳场举行"这一组照片利用经典构图，突出了黑白两极、形成对比鲜明的"硬调"，用来表现崇高、激烈的内容与情感；"云裳仙子"陈云裳和"纪念号"电影的宣传照片，突出了白色或浅灰色的面积以形成"高调"，用于表现纯净、明朗的明星与演员；而一些电影剧照，则突出黑色或深灰色的面积来形成"低调"，用以表现厚重、深层的内容与情感。可见，经典形式的构图能够建立兴趣中心，引导观众注意力，吸引观众视线，演绎画面内容，"孤岛"艺术期刊上的这些图片基本上都达到了画面的匀称、和谐、视觉美感，并且通过构图来达成了某种意义的传达。

"孤岛"艺术期刊上除了大多数经典形式的图片，还会不定期地连载刊登出几类系列漫画或是为部分文章配上一些带有趣味性的幽默插图，这在困窘沉闷的"孤岛"生活环境中，无疑是一剂让人们笑对苦难的良方。正如林语堂先生曾对幽默这样诠释："我很怀疑世人是否曾体验过幽默的重要性，或幽默对于改变我们整个文化生活的可能性——幽默在政治上，在学术上，在生活上的地位。它的机能与其说是物质上的，还不如说是化学上的。它改变了我们的思想和经验的根本组织。我们须默认它在民族生活上的重要。"① 即便这是全国抗战文艺火热进行的时刻，在"孤岛"那样复杂的一种境地当中，艺术期刊的编辑者仍然会把幽默的元素也放入其中，这不能不说是一种有意味的事情。

---

① 朱艳丽：《幽默大师林语堂》，湖北人民出版社2005年版。

　　图 2.5 为《电声周刊》上连载的系列漫画《劳莱与哈台》① 其中一期，劳莱和哈台原本是 20 世纪二三十年代在美国长期搭档演出滑稽片的两位演员，因为劳莱瘦小、哈台肥胖，所以两人搭档演出的时候，就从形象对比上增加了滑稽感，经过长期合作，二人逐渐发展成为好莱坞早期电影史上颇为成功的、具有明星效应的双人滑稽电影演员，并成为漫画家笔下重要的滑稽形象。所以"孤岛"时期的很多期刊也就一直将两人在好莱坞的漫画作为连载，并且还催生培养出本土的"劳莱和哈台"——韩兰根和殷秀岑两位喜剧演员。骨瘦如柴的韩兰根和肥头大耳的殷秀岑也形成了一个组合"秀兰歪传"，作为固定的漫画形象，长期出现在《青青电影》等知名杂志上。《秀兰歪传》内容幽默、题材新颖、形式风趣、画风自由，利用电影人物身上幽默的个性特征与喜剧明星的活招牌，打造了该漫画的知名度。这类连载漫画多数是韩兰根、殷秀岑之间误会巧合的事件，或是他们与一些小动物发生了各种阴差阳错的搞笑故事，从而营造出谐趣的喜剧效果。漫画文字以韩、殷之间的逗趣、调侃、讽刺、挖苦的对话为主，披着幽默属性的外衣，实则进行着讽刺批判实事的内在寓意。除此之外，也还有许多其他类型的漫画。大多都是以一些喜剧图画为主料，添加些许趣味另类的花边新闻为辅料，以此来暗讽苦闷的"孤岛"生活之怪现状。除了漫画，很多杂志上的插图、广告也带有一定的趣味性，比如说明星的八卦绯闻图锦，夸张的人物形象和配图、丰乳肥臀的女性漫画形象，等等。更有甚者，沿袭了西方社会的那种自由随性之风，过度发挥无边的想象力，创作或编辑的图片似乎过于开放和现代，这样的期刊往往以密集似的图片信息在短时间内让读者目不暇接，而大众一向嗜好吸食感官鸦片的大脑岛叶刺激过度，几近失灵，如此种种，让当时的"孤岛"读者产生了一种错觉，即社会制度、经济结构刚刚西化不久，而道德传统却还滞留在晚清封建社会的民众，通过艺术期刊这个媒介虫洞，蓦然进入了笑声鼎沸、怪相林立的

---

①　参见《电声周刊》1939 年 4 月 15 日。

现代西方社会。

图 2.5

　　一般认为，文字可以使人展开想象，而图片、绘画等靠形象思维来理解的则用来限制人的想象。我们知道，文字和图片在结构方式、传播媒介、表征符号以及带给人观赏效果上有所不同，主观、抽象的文字常常用来激励引发人的联想，而直观、感性的图像却总是在抑制人大脑中的想象，所以文字和图片搭配起来才能够相得益彰，具有描述性的语言文字要结合特定的视觉图像符号才可以更好地呈现出效果，因而，直观的图片在艺术期刊中是必不可少的元素。这样也可以说，图片即在"孤岛"时期就是一种"视觉白话主义"①，因为从19

────────────

　　① 张真：《银幕艳史——都市文化与上海电影（1896—1937）》，上海书店出版社2012年版。

世纪晚期的上海摩登景观及大部分娱乐场所，在很快的时间内又在"孤岛"艺术杂志上得到了再现，所以其结果就是再次创建了一种现代的"视觉白话"——这也正是海派"洋泾浜"① 文化的精华所在。这些通俗易懂的艺术画报将文字和图片有机结合，快速准确、绘声绘色且极富创造性地记录并复制着现实的情境，不仅为那些挣扎在"孤岛"上的弱势群体（包括文盲、未受过教育的劳动者、妇女和儿童），展示和呈现出摩登都市的吸引力和危险性，还力图证明了本雅明所论著的机械复制时代的"视觉无意识"的形成。通过大量直观的图片、绘画，画报不但描绘出一大批个性不同、生活迥异的都市主体，而且还受到了不同性别、年龄、身份和阶层的读者的广泛注意。尤其是"孤岛"艺术期刊偏爱女明星的写真和剧照，除了电影公司进行新戏宣传的作用，还反映出当时社会对女性的消费已经成为摩登都市生活的标志，以至于当时的上海人生了女儿不说生的是女儿，反而是说"生了个封面"，这种说法也相当有意思。

　　"孤岛"时期的艺术和艺术期刊经历了长达四年的曲折与坎坷，然而，沧海桑田中的老艺术期刊是追寻当年时代记忆与现代生活的依据载体和空间，铭刻着历史真实的一瞬，承载着过去艺术辉煌的一页，"孤岛"艺术期刊的每一个文字、每一幅画面都以伤痕累累的身躯、岁月涤荡的面孔、不堪历史的沉思，记录、搜集、涵盖着过去时空的影子，让人不断陷入深深的惊异与震动之中。

第二节　理论智识："孤岛"海派
文化的现代性艺术启蒙

　　晚清以来，伴随着与列强入侵签订的一系列不平等条约，长期

---

　　① 洋泾浜，原是上海的一条河浜，位于从前的公共租界和法租界之间，属于上海黄浦江一条支流的河名，它东引黄浦江水经八仙桥西流，北通寺浜（今慈溪路、重庆北路一线）、宋家浜（今苏州河），西通北长浜（今延安中路），西南通周泾（今西藏南路）。它虽是一条不起眼的小河浜，却四通八达，后来被填成一条马路，即今天的上海市延安东路。

"闭关锁国"的中国被迫开放,遭受了前所未有的压迫和凌辱。有过这样惨痛经历的中国知识分子开始认识到现代理论智识的重要性,并且发出了"师夷长技以制夷"的时代呐喊。这其中,大量的印刷刊物以其快速传播、广泛覆盖的媒介属性,为当时民众建构起来了一个强大的"公共空间",这也成为传递西方现代性理论及思想的重要场域。鉴于各类纸质媒介所起到的不可小觑的宣传启蒙作用,"孤岛"艺术期刊的恢复与重办,虽然经历种种磨难、重重阻碍,但始终为现代性艺术理论的传递和对民众艺术教育的普及做出了重要贡献,这不仅反映出上海艺术家从主体异化面向身份探寻所做的不懈努力,也体现出海派艺术的一种文化自觉。当然,这一时期的艺术理论的各种对现代文化、现代城市文化的建构仍存在着些许悖论和自相矛盾式的现象。

一 "孤岛"艺术期刊中对于各门类艺术的理论探讨

"孤岛"艺术期刊承袭了之前早期各类刊物对于各门类艺术和艺术美学理论的研究传统,在向西方学习的同时也加大了对西方现代性艺术与技术理论的引介。然而,在特殊的时局之下,"孤岛"艺术期刊作为具有专业性质的行业刊物,不仅以宣传现代启蒙思想的基础为己任,还更多的是在思考本国艺术的出路,因为绝大多数艺术期刊的出现,就是为了能够肩负起通过介绍理论智识来启蒙国民的重要使命。

首先,电影刊物。如果说,19世纪末到20世纪初期,中国人关于电影及其理论的认知还处在萌芽状态的话,那么,到了20世纪二三十年代,在西方电影和电影理论通过大量译介而引进涌入中国之后,大批知识分子对电影的本质属性、表现形式、摄制技法、艺术价值等方面进行了较为深刻全面的理性思考,对大众起到了具有现代性意义的启蒙教育。就拿《新华画报》来说,它从创刊第1期起就开始刊登尘无的《夜记之什》、顾而已的《电影教育化》、吴永刚的《写壮志凌云的动机及其他》、徐迟的《电影达心论:墨画与爵士》、胡萍的《关于国防电影》、辛汉文的《电影的化装》、黄天始的《中国电影剧本的发展阶段》以及往后的《观众的心理》《音乐配音的音》

《日本电影事业概况》《光：在电灯关熄黑暗的电影院中》《现状观察：世界的三大潮流》《中国电影的演进及其他》等文章，其中不仅有电影理论的知识普及，更体现了当时电影人对于技术的重视和探索。[①] 其中，电影画报的专栏作家杨德惠在《电影史料》上谈到电影的孕育和滋长时就认为："电影是科学和艺术结晶的综合艺术。……就从电影诞生的场合看来，那么，却可以分为'科学方面''商工业方面'乃至'艺术方面'三个观点来说。"[②] 这里，首先把电影的科学技术层面放在了第一位，而在关于国外先进技术的介绍时，"孤岛"时期的电影刊物总是对中国电影的制作发展寄予希望。比如有一期画报上登的："美国纽约大学实验室最近利用微速度显微镜摄影，将开麦拉置于显微镜前摄取影片。其装置殊为精巧，能使缓慢之动作，急速地表示出来，于癌及其他恐怖疾病之研究，有极大的助力。例如花开的过程，植物生长状态，病原菌的活动等都能摄取。……通常须数日或数周间所起的变化，在数分钟内即能表现，对于教育的贡献很大。我国政府近年来有教育电影的摄制，如能研究精进，利用此法，裨益教育，当非浅显。"[③] 除此之外，还有关于彩色影片、卡通电影、恐怖电影、宗教电影摄制的技术引介等，充分说明了 30 年代的上海"孤岛"关于电影技术理论的研究越来越系统化、细密化，尤其是有了声音之后，电影艺术表现元素越来越丰富，人们对此也有了分门别类的解读分析，主要是基于艺术和技术层面来研究电影内在机制的独特构成及本质规律，重视电影中各种艺术元素的分工与作用，并在实践中进行着一步一步的技术探索，从而在拍摄实践上逐渐取得了一定的成绩。[④]

---

① 游溪：《管窥〈新华画报〉中的孤岛电影与理论表达》，《美与时代》2014 年第 6 期。

② 《新华画报》第 5 卷第 8 期，1940 年 8 月。

③ 《新华画报》第 5 卷第 1 期，1940 年 1 月。

④ 游溪：《管窥〈新华画报〉中的孤岛电影与理论表达》，《美与时代》2014 年第 6 期。

其次，在戏剧刊物方面，除了刊登戏曲、舞台剧的文学剧本之外，很多戏剧类的艺术期刊还会刊载一些极具学术价值的关于戏剧理论和戏剧发展史的文章。例如，1938 年 11 月，在上海"孤岛"时期创立的月刊——《剧场艺术》（*Theatre Arts*）①，由李伯龙用笔名松青出版发行，至 1941 年底因为上海沦陷而停刊，共出版 32 期。属于比较专业化的戏剧理论刊物。该刊的刊务为李伯龙，主要作者有于玲、李健吾、张骏祥、黄佐临、顾仲彝、朱端钧、隐霞（陈西禾）、许幸之、吴天、许子、姜椿芳、冰夷等。它具有较高的学术价值，对研究上海"孤岛"时期的戏剧有一定的作用。它的主要内容是关于戏剧理论、导演和表演艺术、话剧创作、舞台装置、舞台灯光、化装技术等知识。设有舞台光、我的艺术生活、编后、剧场动态、读者园地等栏目。刊有《演员自我修养》《我的艺术生活》《往事点滴》《他的天才还活着》。同时该刊有大量各种风格流派样式的舞台面装置和演出剧照。《剧场艺术》的出版动机在于想集合一班朋友为剧场工作者，为剧艺的修养方面做出努力。正如《剧场艺术》的编者在编后所标注的出版动机中这样写道："本刊出版的动机，并没有什么伟大的企图目的，只想集合了一般朋友为剧场工作者，同时也可说为了自己，在剧艺的修养方面尽一些菲薄的绵力；在内容方面，目前暂定稍偏重于国外剧艺的介绍，及剧本的创作与选译。在范围上，只要是剧义上值得讨论或介绍的，我们都愿意接触，不受上下古今，天南地北的限制。"②

而从 1937 年 2 月《戏剧旬刊》改版后名为《十日戏剧》的杂志，生命力也依然旺盛，一直延续到 1941 年才被迫停刊，四年间总共发行了 80 期。《十日戏剧》在"孤岛"上仍继续探讨戏曲艺术，

---

① 1938 年 11 月 20 日，《剧场艺术》月刊在上海出版。该刊系战前职业界的蚂蚁剧社所创办，由松青（李伯龙）主编，经常撰稿人有姜椿芳、李健吾、于伶、吴天、章杰、陈西禾、朱端钧、吴仞之等。姜椿芳翻译的俄国斯坦尼斯拉夫斯基名著《演员自我修养》即发表于该刊。

② 《编后语》，《剧场艺术》1938 年 11 月。

但这时刊物更关注如何解除戏曲危机，如何进行戏曲改良等与戏曲界现状密切相关的问题，刊载了《旧剧的演全问题》《谁言废止旧剧之锡鼓》《旧戏需要改良吗》《国剧富于革命精神》《旧剧是值得保存的》《粤剧的缺点与改良》《漫谈国剧》《旧剧是永远的进步》《旧剧究竟是否需要改良》《皮黄可称为国剧么》等理论、批评文章。由于"孤岛"地区的安全隔绝状态避免了战火的蔓延，相对繁荣的经济环境在一定程度上保证了戏曲期刊的发展，所以在"孤岛"时期，相较于全国其他地区戏剧刊物的式微，"孤岛"类似于《剧场艺术》《十日戏剧》这样谈论戏剧理论和戏剧历史的艺术类刊物还有很多。

　　最后，除此之外，还有其他涉及音乐、美术及部分综合类艺术学和艺术理论的期刊。例如，《上海艺术月刊》的固定栏目之《雕刻的必要因素》，由张充仁执笔，每一期都谈论一些关于雕塑理论技法及著名雕塑家传记，其中有一期论及米开朗琪罗："画里头有了'雕刻的'因素，不但不算弊病，在有些光景（壁画，装饰画）采用得当，反而增加绘画艺术上的价值。相反的，雕刻里不能卷入绝对'绘画的'因素，否则会陷于柔弱，评坛，表面化等的弊病。绘画上的'透视''色彩''空气'等的描写，在雕刻上是完全不需要的。而轮廓、比例、解剖则是必要的……"[1] 而另一作者尤其在《艺术的本质与效果》中则论及了塞林、达尔文、斯宾塞、托尔斯泰等人的艺术美学理论："如在尘俗的'孤岛'上，常常使你烦闷，（到了郊外）美感的表现，艺术。艺术又是客观性的。总之愈能引起广大的客观性者，愈能引起中外古今人所同感的，方为最伟大的'艺术'。……艺术必须是'美的假象'。康德'无关心'。艺术的效果是知识的（真），道德的（善），感情的（美）。"[2] 这些艺术评论、美学思想在《上海艺术月刊》中比比皆是。上海新兴音乐社编辑出版的《音乐世界》也是"孤岛"时期的一份代表刊物，以提倡音乐生活，普及音

----

[1]　上海艺术学会：《上海艺术月刊》，上海艺术学会编辑出版，1941 年 11 月 1 日。

[2]　同上。

乐教育为宗旨,主要内容有音乐原理、音乐技术、音乐家传记及逸事、音乐批评,有时也会附上一些国内外音乐界消息报道和短片歌曲曲谱。就拿第 2 卷的第 10 期至 12 期来说,除了三篇乐谱,刊登更多的是关于音乐这门艺术的内在生成机制的文章,如《交响音乐的布置》《音乐家应有的态度》《声乐初步练习》《五线谱浅说》《移调法初步》《音乐的常识》《标题音乐之话》《口琴简说》《北京音乐界近闻》《皮黄歌剧观后感》《音乐界消息》。① 透过这各类艺术期刊里看似杂乱无章的智识图景,我们能够努力找到一些规律性的东西,从而可以勾勒出并且构建起"孤岛"时期关于艺术理论的现代性话语生长发展的清晰线索。而作为现代印刷品的艺术杂志,因为凝聚着当时那个时代的深厚印记,记录了各个门类的艺术理论和美学理论,所以也会被越来越多的人进行不断的赏识与深入挖掘。

二 从社会异化面向身份求索:海派艺术的文化自觉与艺术家的身份探寻

通过"孤岛"艺术期刊上的这些相关理论研究,可以发现,在当时恶劣的艺术生态环境之下,关于艺术学和各艺术门类的理论研究并没有衰减,反而是呈现出一片繁荣茂盛的发展态势,这不仅展现了"孤岛"知识分子和有志之士在异化社会中强调民族身份的呐喊,也让我们看到了海派艺术理论强大而旺盛的生命力。一般认为,"海派"一词最开始的意思指的是清末民初时期在上海生活居住的画家群组合,后来延伸引用到戏曲、文学、电影等多种艺术门类中,成为一种特有的文化现象和流派。海派艺术源远流长,是中华传统文化的一个重要组成部分,而 1937 年至 1941 年的"孤岛"时期正好处于海派文化的黄金发展期,这一时期也是海派文化艺术从传统转向现代的重要转折阶段。之所以要把这一时期看作是海派文化艺术从传统转向现代的转型阶段,是因为在之前的时间里,海派文化长期受到传统古典

---

① 《音乐世界》,上海新兴音乐社编辑出版,1939 年第 2 卷第 10—12 期。

文化的浸润，上海也一直以来作为继承坚守传统中国艺术的重镇，而经历了现代西方的熏染之后，海派艺术的现代性发展似乎遇到了瓶颈，并且打乱了其艺术传统演进的步伐和秩序，呈现出了一种对传统的"背离"和"断裂"。而到了"孤岛"时期，接受过欧风美雨和侵略炮火的知识分子和艺术人士，开始越来越不满于这种集团内部的"力量耗散"与"变相自杀"，想要从社会异化转向自我身份的求索，所以在对现代性的追寻上越来越体现为"忆古""追古"，并希冀通过贯通融合中西文化来为中国艺术找寻到一条适合发展的现代性之路，这不能不说是海派艺术的一种文化自觉。

就拿美术方面来说，"孤岛"上的大多数美术期刊都是在对该时期的绘画作品题材、美术技法理论、绘画风格和代表画家作了详尽的介绍，认为海派绘画不仅要保持着一种融合的发展态势，还要努力寻求自身的独立发展，以期能够对中国美术的丰富性起到较为重要的启示和影响。画家黄觉寺在《什么是现代中国画》一文中提到现代中国画"就是折中中外的在中国画中参入一些西洋画风的一种绘画。利玛窦灌输到中国……借鉴于外国不是'洋化'，更不是把国故推残拉朽一样地除掉，也不是不问一切把外国的不管是好是坏，一视同仁地兼收并纳。'现代中国画'，他的立场，是不分疆域的，所以它不反对外来的影响，但也不'洋化'。因为它不疏忽于自己优长的特色，所以它尽量发扬我国固有文化的优点和尊贵，但也不'拟古'。结论是：'现代中国画'不拒绝外来的影响，但不洋化；'现代中国画'以现代人生为准则不拟古；'现代中国画'是反自然，重独创"。这种对于中国现代画的提法和建议无疑是海派绘画于客观情境之下的自觉选择。

而画家胡金人在《略谈上海洋画界》一文中也认为："这几年来上海的艺术空气之浓厚，不让世界艺术之首府的巴黎……从表面上看，上海的美术界并没有因战事而呈现停顿的状态，相反地却随着时间在进展，可是一检讨其内容，是不免大大地失望的。在失望之余，我们却有中国的'伟大画家'多过了'伟大的作品'之感，这不能不认为憾事。"① 接着，他提出了几点建议，认为画家要懂得"（一）拘谨与保守。由于保守与趋新，也就是学院画与野兽画的两派论争，所以画家要有敏锐的感觉，深刻的思想，而把自己精神上灵感的宝物传递给世人……不过一个画家单凭他丰富的'灵感'，而没有深刻的修为、精湛的表现和根本的技巧，至多只还是一个'空头画家'罢了。（二）浅薄与狂妄。他们要打破传统的保守艺术，他们要突破旧空气的包围，他们要尝试新的技巧，表现所谓'新时代的精神'……如果说'新时代的精神'是破坏的，是堕落的，是窃取人家唾余的，那自然没有什么可说了……模仿，抄袭，是懒惰的象征，趋易，避难为失败的因素，画家对于事物描写，不但要用智识理解，更要用精神感受。（三）取巧与投机之风。艺术不是商品，画家不是专为了卖画才作画的……我以为聪明的画家们与其用庸俗、浅薄的作品讨好一班人的赞赏，不如设法提高一班人的鉴赏知识，或设法使鉴赏者能够领悟真正的艺术，进而能够接受你的作品。人们的欣赏能力只要得着合理的引导，是会逐渐提高其水准的。（四）所谓前进意识。'表现民族精神'，艺术是时代的产物。艺术是作家的思想、经历、感情、技法的结合体，不是浅薄的空想家躲在画室里捏造的东西。（五）'改行'的趋势。洋画改国画要注意的问题……"② 这些建议对于海派绘画中的西洋画法可以说是具有宝贵的现代性借鉴和启示意义。可以看到，"孤岛"美术期刊上的各种绘画技法理论，已然显示出海派文化的传统发生了转折，无论是自觉还是不自觉，不管其具体表现形式为寻根还是西化、因袭还是创新、坚守还是开放，"孤岛"艺术都已经适应了现代性的需求，都代表了靠拢时代方向上的努力和发扬光大传统自身的需求。

在电影、戏剧方面，留守在"孤岛"上的上海影人既有努力探讨电影与现实的关系之外，同时也有对新兴电影技术理论的探索。他们

---

① 上海艺术学会：《上海艺术月刊》，上海艺术学会编辑出版，1941 年 11 月 1 日。

② 同上。

主要是基于电影本体与摄制技术的层面，来研究电影内在机制的本质构成及运行规律，注重电影中各项艺术元素的分工与作用。洪深出版的《电影术语词典》以及与他人合著的《电影艺术详解》，在很多期刊上有过发表的文章，如教科书一般对电影的专有名词进行了分门别类的详细介绍，讲解了电影导演、编剧、表演、摄影、声音、制作及放映等方面的知识，尤其是《电影戏剧的编剧方法》和《电影戏剧表演术》更为系统完整地分析了编剧和表演的基本原理与方法技巧，对上海与全国的电影理论探索产生了巨大影响。夏衍在其主编的《艺术》杂志上发表了多篇影评，对于电影的非戏剧化结构、自由化时空以及声画结合等艺术特性的论述科学严谨而又深入浅出，为当时的现实主义电影理论路线开拓了一片天地。导演费穆也常于报刊之上谈论电影的独特本质与表现元素，例如《"倒叙法"与"悬想"作用》和《略谈"空气"》中对电影叙事结构及导演构思、摄影技术的执着探索。影评家殷作桢在《电影艺术》一书中提到了导演、光线、节奏等技术对电影起到的重要作用，丰富了 20 世纪 30 年代关于电影创作技术的论著。而关于表演理论的争论则从 20 世纪 20 年代就已开始，而此时袁牧之的《演剧漫谈》与郑君里的《再论演技》接受了中外表演技法观念，条分缕析论述了戏剧与电影表演的区别联系与历史演变，对早期乃至现代的电影理论起到了无可替代的参考作用。谷剑尘借鉴西方艺术理论说法，从文学、戏剧的角度探索电影，认为电影要视觉化的表现就需要从小说中借鉴叙事模式，编剧也要掌握蒙太奇技巧与观众心理，谷氏进一步完善了电影人在剧本创作阶段的理论探索。戏剧期刊上也每期都会刊登一些西方戏剧理论，编辑和撰稿人往往把这些西方的现代性理论和中国传统戏曲理论结合起来，以期能够为上海乃至中国戏剧界探寻一条光明的发展出路。同时，创刊者也希望杂志能够保持一定的自律性和严肃性。例如，1938 年在上海创刊的《戏》周刊，由《戏》杂志社编辑部出版，属于影剧刊物，是研究民国时期新片、新戏、著名戏剧演员等的重要刊物。主要撰稿人有王唯我、绿庐主人、桐荫、徐琴心、朱双云、毛富、沈西苓、邵俊人、蔡楚生等,这些撰稿人中既有电影导演、戏剧家、剧本创作者,也有职业影剧评论家。该刊以介绍发扬中国戏剧,欣赏研讨古老艺术为主旨,载文以介绍梅兰芳、李万春等名伶为主,有李万春如何成名、谭鑫培研究,介绍了周信芳、毛剑秋,少许评论戏剧、新片的作品,同时报道男女明星近况,刊载剧照、剧本场面等内容,刊登了许多新片。就如同此杂志的《几句开场白》一文中写到的那样:"我们的手段是比较进步的编辑戏剧;我们的目的则是希望本刊的读者都能相信戏剧——无论旧剧新剧。——不完全是为了娱乐而产生。戏,自有她的教育上的使命,这一艺术若给我们看作一件玩笑的东西,那就似乎太刻薄而轻妄了。"① 这就说明,在海派文化由传统向现代的转型过程中,像是沈西苓、邵俊人、蔡楚生等这样的艺术家往往非常重视与强调战时的自身主体意识和个人身份等问题,他们这些有志之士,希望将艺术期刊作为呼号呐喊的阵地,这无疑是最嘹亮的"空谷足音",是黑暗王国里最耀眼的一线光明。

三 特殊历史空间下海派艺术理论自身发展的契合与背离

当代"空间理论"研究者认为,空间是通过人类主体的有意识活动而产生的,人们可以通过精神性活动把实际可感的空间当作构想的空间。② 因而,当时"孤岛"上人们的精神文化活动也形成了一种特殊的历史空间,在这样的历史空间中,海派艺术理论的现代性发展是充满困惑和纠结的,当然,这与当时复杂的社会政治气候有很大的关系。通过以上对"孤岛"时期艺术期刊上关于艺术理论的现代性梳理,我们可以很明确地看到,"孤岛"的文化工作者为当时的上海乃至中国的艺术理论之构建所做的不懈努力和重要贡献,当然这其中,当时"孤岛"上海的社会文化语境的独特话语机制起到了无可替代之作用。这是因为:一方面,由于租界的保护,当时的艺术文化得以

---

① 《几句开场白》,《戏》周刊1938年1月1日。
② 包亚明:《现代性与空间的生产》,上海教育出版社2003年版,第8—15页。

保全，其艺术理论也代表了中国 20—40 年代的最高成就。当时虽然
处于战争时期，但是上海地区的交通运输并没有中断，作为商埠繁荣
发达、港运和空运能力最强的中国沿海城市，自然引来了大量的移民
定居，既有外国人，也有很多来自江浙两省（当然还有广东、安徽、
福建、山东等地）的精英进入上海。国人从海上出国便利，同时西方
的欧风美雨也不断从上海引入中国，因而在整个战争时期，"孤岛"
上海的文化交流并没有完全断裂，反而是中西文化、沿海文化与内地
文化不断地碰撞与融合。同时，"孤岛"艺术理论也促进了整体海派
文化的进一步繁荣和发展，使得新思想、新动向向长三角及内地辐
射、渗透，影响了中国的现代性进程。另一方面，在整个"孤岛"
时期，上海的艺术期刊加大报道了好莱坞电影和文化的信息量，西方
文化已经大量输入上海，西方电影、戏剧观客观上也影响了"孤岛"
上海人的生活方式、娱乐方式和审美接受，并且使其走向现代，进入
了现代化生活，因此上海起到了引领全国乃至全亚洲的风向标作用。
而从西方引进的大量译著和根据国外艺术理论所提出的中国艺术理论
（包括电影理论、戏剧理论、美术理论、音乐理论等）推动了海派文
化的发展进程和不同层面的西化倾向，即传统的海派艺术和理论也出
现了新的理论。例如，上海洋画界的运动以及现代绘画技巧显然就是
受到了中西文化在碰撞冲击和交会相融之下的影响而生成的。当然，
在特殊历史空间下，海派艺术理论自身的发展既有与时代的契合，又
存在着某种背离，这些艺术理论之中还具有一些悖论式的局限性或互
相矛盾的争鸣。

首先，"孤岛"时期的艺术理论之中提出的一些"革命性"举措
并不彻底，它仍然保留或妥协接受了一部分当时中国社会现实及封建
传统的旧文化、旧思想。几千年尊崇诗能"兴观群怨"与"文以载
道"的思想传统使得中国人历来注重艺术作品的文化内涵与社会反
响，而认识到艺术期刊类具有复制传播性与宣传影响范围广等特点的
上海文化工作者同样也非常关注现实生活和社会人生，强调文化艺术
的社会责任与教化功能。当时的理论家大概由两部分人组成，一部分

为艺术创作者或实业家，另一部分为启蒙知识分子。就艺术理论而言，这两大群体拥有毋庸置疑的权威话语权，他们试图借用艺术期刊这一大众宣传利器在社会上进行文化传播上的逆袭。① 然而，艺术创作者和实业家首先是与出版企业、发行公司站在一条线上的，他们发表在艺术刊物上的评论性文章难免不和经济效益扯上直接的利害关系；知识分子们则较为软弱，一方面小心翼翼地规避政治敏感，将话题转引向社会问题的论述；另一方面著书立说由于缺乏实践和理论深度又不免带有主观化倾向和理想化色彩，他们所提出的有些"革命性"主张和建议对于艺术发展无疑是有益的，对于刚刚接受共和政体近二十年的社会大众来说也具有一定的启蒙与教育作用，但是却缺乏对当时社会制度与权力机构的深入剖析和批判。例如，在讨论中国美术界的出路时，邱景梅认为洋画家的前路应该重视的是："（一）技巧方面，采取新写实主义，较为合宜；（二）意识方面，情感社会化的要求，反映出这个大时代。"② 而俞剑华提出到西方去："东方的要到西方去，西方的要到东方来。"③ 陈抱一认为："（中国美术界）应该是一个光明的境地，纵使现在美术界还是昏迷着、彷徨着或停滞着。……总有些人会发现光明的目标，把美术界推进到光明的境地，使它健全地生长起来。"④ 陈士文则提出："悔改自己，锻炼自己。美术的盛衰，和人格、学问、认识、工作、毅力有密切关系。"⑤ 这其中，即使有的明确提出一些革命性的举措，其批判精神固然可嘉，然而却缺乏一种对于封建传统旧思想、旧道德、旧文化的定义分析，使得批判显得有些暧昧不清与模糊空泛。

---

① 游溪：《管窥〈新华画报〉中的孤岛电影与理论表达》，《美与时代》2014年第6期。

② 《美术界》杂志，由上海美术界月刊社编辑出版。属于美术刊物。主要登载美术理论、技法、鉴赏、批评、史实报道等内容，并有图画、图案、西画、雕塑、音乐、艺术教育等。参见《美术界往哪去》，《美术界》第1卷第1号，1938年第1期。

③ 《美术界往哪去》，《美术界》第1卷第1号，1938年第1期。

④ 同上。

⑤ 同上。

　　其次，上海早期的一些电影人对于国外艺术理论方面，知识性的介绍多于理性方面的介绍和引进，知识性普及多于理性分析和自我创新，理论模仿痕迹明显。19世纪洋务运动开展以来，"中体西用"就为西方理论学说的传播大开了方便之门，西学在"用"的招牌下大量涌入。虽然中学是体，但西学既然已经为用，它就可以堂而皇之地进入传统框架并取得合法地位，从而有利于打破国民拒斥外来新生事物的传统文化心理障碍。诸如电影和话剧之类的艺术形式都属于西方的发明与知识体系，当接触到这一新鲜事物后的"孤岛"艺术创作者如同久旱逢甘霖一般迅速吸纳了美国、日本、苏联和欧洲传入的新知识和新技术，并将它们翻译出来介绍给国人。但不同于西方理论注重艺术本体与特性研究，"孤岛"的艺术理论家更多关注的是艺术对社会的影响，他们希冀通过艺术指点江山完成社会人生之理想，有的要么凭着一腔热忱去介绍、模仿、引进，所论述的知识未能形成一个深入而系统化的理论文本；有的要么普遍吸收国外研究成果，加以借用、拼贴、掺入本土理论或个人感悟，缺乏严密科学的完整逻辑体系，就好像当时出现的"洋泾浜"英语现象一般混杂，浅尝辄止而未能达到像西方理论家那样用哲学阐释艺术的理论高度。所以，除了有一些知识分子的理论自成体系之外，"孤岛"时期的艺术理论从发展至成熟时期，明显带有拓荒发展时期那种感性的实践烙印与经验色彩，技术性介绍和应用性讲解多于哲学理性维度的分析，没有形成像西方艺术理论那样完整的科学理性体系，从某种程度上来讲，"早期艺术理论没有建立学术规范"①。

　　最后，"孤岛"上的一些上海理论家对电影的娱乐性刺激和感官享受远甚于富有哲理性的思考和探索（下一章会着重探讨），以至于当时的艺术理论现代性进程迂回曲折，使得文化工作者困惑不断、顾虑重重，在艺术理论的现代性道路上步履蹒跚。虽然这些艺术理论和主张的提出和当时的社会原因（也包括上海浓重的商业氛围）有关，

---

① 胡克：《中国电影理论史评》，中国电影出版社2005年版，第81页。

即民众刚从封建桎梏的长期压抑下解放出来，又陷入战时的苦闷封闭的环境中，需要具有声色之欲的大众娱乐产品来逃避或释放自己的正当需求，但是艺术理论家至少应一样有责任努力协调好艺术的教育与娱乐功能的矛盾关系，而非因理想化的举措实施不成便一味妥协或任由娱乐商业的观念主宰而肆行。①

以铜为鉴可正衣冠，以史为鉴可知兴替。尽管"孤岛"时期的艺术理论与西方艺术理论在注重思辨性、本体性、系统性、哲学性与理论性等方面存在着一定的差距，但其为人生的艺术精神、直观性的审美方式、重实用的价值取向，作为当时海派艺术理论的三大文化美学品格，对中国艺术理论的后来发展产生了非常深远的影响。

第三节　社会想象：艺术期刊对于
都市的现代性文化建构

上海不仅是中国早期电影等现代艺术的发祥地，也是中国现代城市文化展示自己、面向世界的一个窗口。"孤岛"时期的艺术理论在其自身的发展演进中存有一些悖论性的现象，同时积极参与海派文化的现代性建构，与城市文化建设发生了密切关联。当然，同整个民国时期的其他艺术报刊一样，"孤岛"艺术期刊对于处于苦闷生活环境中的社会大众来说也具有一定的启蒙与教育作用，"尤其是给当时的'孤岛'市民带来了关于电影、戏剧、音乐、美术等的启蒙知识以及新的民族希望与想象，而画报上几乎每一期都刊载的剧本本事与明星照片，无疑也具有宣扬女性解放、恋爱自由、民主平等的现代启蒙意义，这就为我们留下了那个年代国内外关于艺术与理论的宝贵历史记录"②。因而，不置可否的是，"孤岛"艺术期刊对于当时都市的现代

---

① 金丹元、游溪：《上海早期电影理论与城市文化建构——论上海早期电影理论的演进及对当下的启示》，《上海大学学报》（社会科学版），2013 年 1 月，第 30 卷第 1 期。

② 游溪：《管窥〈新华画报〉中的孤岛电影与理论表达》，《美与时代》2014 年第 6 期。

性文化建构同样也有着极其重要的参与意义与参考价值。

一　宣扬女性解放、恋爱自由、民主平等的启蒙思想

大部分"孤岛"艺术期刊中，都包含关于宣传女性解放、恋爱自由以及民主平等的现代启蒙内容。这样的启蒙思想早在上海开埠之日起，就一直处在与传统封建思想的碰撞当中，这不仅是中西价值观的冲撞，也是海派文化和其他文化之间的撞击，而由此产生的结果就使得上海这座城市充满了无数的可能性，从此变得更加开放、包容和现代化。当然，这种开放性、包容性和现代性，在"孤岛"恶劣的生态环境下就越发显示出其独特的魅力和吸引力。

"孤岛"时期的期刊画报上大多刊登有明星和美女的照片，这些相片所展示的明星及女性形象，大部分人都具有健康向上的审美特征，体现了当时一种较为严肃的娱乐消费观。正如第 5 年第 4 期的《新华画报》，"春回大地，女明星们更显得明朗了"[1] 中拍摄的顾兰君、陈云裳、陈燕燕、谈瑛的四组照片，其优雅得体的穿着、阳光健康的笑容，无一不显露出既时尚又良好的民国女性的仪态美[2]，既满足了男性读者们的 "窥视" 欲，又让女性读者们通过对良好女性形象的 "凝视"，从而接受到关于解放与启蒙的思想教育。而像是《西洋美术杂志》这一类的美术画报，也每期都会刊载关于女性解放的现代性艺术及思想，这是因为该刊由一位女士创办，丽莎女士于 1938 年在 "孤岛" 的上海西洋美术杂志社编辑创刊，属于摄影美术类刊物，也刊载文艺作品、美术评论，现存仅为一期创刊号。但却为当时爱好美术的读者作参考或研究的资料，抑或消遣品，可以了解欧美同类杂志。其中，荃荃女士在杂志上发表的《女人真正是没有长下比男子好的骨头？》一文，正是一篇极具现代女性意识的启蒙文章，她认

---

① 参见《新华画报》，第 5 卷第 4 期，1940 年 4 月。

② 游溪：《管窥〈新华画报〉中的孤岛电影与理论表达》，《美与时代》2014 年第 6 期。

为"女人的'无能',并不是天赋遗传,而是社会环境所造成,唯其是有畸形的社会,才有男女间能力的差殊。假若社会到了真正人类的时代,也就显不出来女人的'无能'。苏联革命不过二十年,女人已经与男子站在同一战线,她们不仅在政治上有了地位,在科学上也有了地位,她们已经能做到男子所能做的事,已能做到一般人认为'女人不能做'的事。由这种事实的证明,'女人'真正是'不堪造就'吗?'女人'真正是'没有长下比男子好的骨头'吗?"① 这其中的种种反问,无一不显示出作者对当时社会压迫女性的一种反抗精神与觉醒意识。作者平凡在《文人笔下的妓女》一文中,则为妓女辩护,以古时浮鼓退敌的梁红玉、骂贼而死的毛惜惜、近代鼓励蔡松坡将军完成讨袁工作的小凤仙、援救北平生民的赛金花等人为例,说:"她们多是大义凛然,为国争光,为国家社会造福。我们千万不要怀着封建思想以为妓女的卖淫,是自己的甘心堕落,实在由于社会环境逼迫着她们,使她们在经济锁链之下,不得不出卖性器为生活,她们也同别个女人一样,同样的有灵魂,同样的有思想,只要社会能解放了她们,她们仍然会替国家社会效力的。现在,有许多地方的妓女,也同样负起民族复兴的任务,妓女不也是堂堂的民族前线的战士吗?"② 可见,"孤岛"上的女作者普遍都在反抗女性的第二性地位,她们看到了女性在当时的中国社会以及全世界的范围内,都是一个受不平等待遇、受歧视乃至受压迫的等级,而且,女性在那样一种以男权话语为中心的社会结构当中,无论是在政治经济、社会阶层、工作待遇上,还是思想认知、伦理道德、文化观念等各个方面,都是处于与男性不对等的地位,即便是在个人家庭这样的私人空间领域中,女性也处于与男性不对等的劣势地位。同时,接受了几千年的男权制思想的人普遍认为,男尊女卑的性别秩序不仅是广泛存在的,而且也是不会变更的,因为这种性别逻辑是"自然形成"的;而现代女性主义者

---

① 参见《西洋美术杂志》1938 年第 1 期。

② 同上。

却认为，"这一性别秩序既不是普遍存在的，更不会是永不改变的，因为它并不是'自然形成'的，而是由社会文化人为地建构起来的"①。因而，期刊中不时出现类似于《妇女解放歌》这样的文字：

> 千百年来一根紧锁的铁链断了，
> 解放的妇女们，起来！
> 洗净脸上的红脂白粉，
> 抹掉那笑靥、泪痕。
> 不再用媚笑博取男子的欢心。
> 不再身居在阁楼中避不见人，
> 今天——我们也有千钧重担在肩头，
> 同负起解放民族获得自由的责任，
> 有勇气的姐妹，
> 背起长枪，向火线上前奔。
> 有毅力的姐妹，
> 换上白衣，去看护受伤的勇士们。
> 年老的，年小的，
> 我们可以干着各种工作，作抗敌的后肩。
> 解放，解放，
> 大家抓紧着现实努力干一场。
> 姐妹们莫放弃这难逢的机会，
> 向自由、平等、博爱的大道上前进。②

这首诗歌凸显出女性强调自身的自立、自尊、自爱、自省、自觉、自治、自理，要求男性伸出手来帮助女性去摆脱不平等的待遇、解除蒙昧和压制，走向平等公正的社会环境，女性也可以参加革命、

---

① ［法］西蒙娜·德·波伏瓦：《第二性》，郑克鲁译，上海译文出版社2011年版。
② 《妇女解放歌》，《西洋美术杂志》1938年第1期。

走向战场、为人民服务。可以看出，根源于西方的民主进步主义的女性主义已在19世纪末到20世纪三四十年代，渐渐转变为规模性的社会思潮，因为当时人们越来越能感受到，女性生存在一个以男权统治思想占中心地位的社会中，所受到的不平等待遇，所以她们开始要求平等、公正、解放和自由。这一时期的"孤岛"女性可以说是受到欧风美雨的影响，随着新资产阶级男人反抗君权的启发而开始质疑男权的神圣性，并且崇尚理性，推崇自由主义，主张人之所以为人，是由于人具有推理能力，而非因为徒具人之形体，所以，很多女人在接受了教育以后，认识到人都具备同等的理性，因而应不分男女，进行平等对待。"孤岛"艺术期刊刊载的文章也多强调人生来就是平等而自由的，不分性别和阶级，同理，女人也同男人一样，具有理性的思考和思辨能力。而导致男女不平等的最重要原因就是社会习俗与差别教育，为了消除这种性别的不平等，期刊编者纷纷呼吁建议应给予女性同等同质的教育；而且，与此同时，由于女性在兴趣爱好、特长才能等方面的性别优势，应比男性享有更多充分和平等的选择机会，这样更利于人尽其才，从而为社会提供更加充沛的人力资源，提高竞争力。此外，社会工作等应不分性别，男女应一视同仁。因此，这些期刊上的很多文章或主张都十足展现追求民主平等的精神。

诸如此类的文章还有《美国婚姻前途之危机》《家园》《张曼华小姐的来信》等，都是在宣扬妇女解放与恋爱自由的现代启蒙思想。可以看到，"孤岛"艺术期刊从理论智识到思想观念的启蒙内容。因此，除了影像、照片、艺术品、广告招牌等开始就参与了城市的现代化进程，艺术期刊上的现代性知识推介、引进、翻译新的艺术理论和具有现代解放意义的启蒙思想，对于城市文化的构建也同样起到了不可小觑的作用。曼纽尔·卡斯特在提出"城市的意识形态"时，认为"正是这种社会意识形态在很大程度上使得理解为理论空间的'城市科学'成为可能"①。实际上，卡斯特所讲的城市意识形态很接

---

① ［美］曼纽尔·卡斯特：《城市的意识形态》，《上海文化》2006年第4期。

近我们今天所讨论的"城市文化"，而"城市文化的神话"又不仅仅只是各种传统的、现代的建筑、火车、汽车和熙熙攘攘的人流这些外在的物化的表象所能全部囊括，城市文化更应包括各种精神的、思想的乃至思维方式的各个重要层面。曼纽尔·卡斯特认为："'城市文化'隐藏在整个一系列话语之后，这些话语取代了按照西方统治精英的思路对社会进化作出的分析，它因此可以通过大众媒体及日常生活中的意识形态氛围进行大规模的交流。"① 换言之，作为一种对城市文化的构建，非物质文化以及日常生活的变迁也许更能说明城市文化的特征。导演郑君里在其《现代中国电影史略》中曾专门解释了与上海城市现代性进程密切相关的"欧化"："在当时的中国而言'欧化'，可以有两种说法：一是指承接着'五四'新文化运动的余波，二是指在资本主义文化侵略下的半殖民地都市之畸形的膨胀。"② "孤岛"时期的艺术理论和启蒙思想之所以在上海独树一帜，大概与这两种境况都有关，而且其主要的内在驱动力是出于对"五四"新文化运动与西方文明价值观的追踪和不断张扬。③

二　战争时期强调都市"现代性"文化的特殊意味

战争时期，全国其他各地（除了伪满洲国地区）的艺术期刊大多配合抗战指挥，宣传抗日民族主义的文艺思想，可以说是政治话语占压倒地位。而"孤岛"上的艺术刊物则重点强调艺术本体、艺术理论及民主思想等现代性启蒙内容，这在全国范围内无疑是一个特立独行的奇葩。前文已分析，在"孤岛"这一特殊时局之中，那些不满于"集团耗散"和"变相自杀"的中国共产党人和其他爱国人士，联合"孤岛"艺术期刊的创办者在日本侵略者与英美、法租界当局的双重压迫下，努力寻求与全国其他各地的抗日报刊一样的生存与发

---

① [美] 曼纽尔·卡斯特：《城市的意识形态》，《上海文化》2006 年第 4 期。
② 中国电影资料馆：《中国无声电影》，中国电影出版社 1996 年版，第 1408 页。
③ 金丹元、游溪：《上海早期电影理论与城市文化建构——论上海早期电影理论的演进及对当下的启示》，《上海大学学报》（社会科学版）2013 年 1 月第 30 卷第 1 期。

展的道路,开拓新的抗日宣传阵地,却屡遭失败,尤其是"八·一三"之后发展起来的抗日出版业遭到严重摧残,这无一不凸显出"孤岛"时期话语空间的逼仄与紧迫。因而,在敌人的刀光剑影与炮火纷飞中,大多数艺术期刊创办人采取了以"都市现代性"话语代替"革命现代性"话语叙说的方式,重新展开了关于现代艺术文本的理论智识与思想启蒙。

众所周知,"上海在中国所处的地理位置十分优越,它位于北纬31度、东经121度,北接长江,东面东海,南临杭州湾,西连江苏、浙江两省,地处南北海洲线的中心、长江三角洲东缘。长江由此入海,因而,上海周边交通便利、腹地宽阔。特别是其境内水网交织、河流湖泊众多,主要河流和湖泊长江河口段、黄浦江、吴淞江(苏州河)和淀山湖等。便利的水陆交通条件是决定着上海成长为商业中心的必要条件。由于上海地处江海之交,水路运输不但促成了中外贸易发展,同时,众多河流湖泊织就的水路运输网也令上海成为早期国内贸易的一个重要集散地,故在被迫关闭了对外贸易后,上海依然没有闭塞其繁荣的运输通道"①。所以上海这个地方,更利于接受欧风美雨的熏陶和洗礼。

同时,我们也知道,作为一个时间概念,"现代性"实际上是一种历史进化论中的新的演化和发展。对于民国时期的中国来讲,"现代性"就是先进的文明制度对落后的封建体制的一种排斥,在接受了西方平等民主、自由博爱等"现代性"观念的上海人,自然而然会开始重新思考世界和人生。尤其是在特殊的战争时期,"孤岛"艺术期刊对"现代性"的重视和追求,反映了"孤岛"人对世界、战争和人生的反思,这也就充分说明:"现代性是思的事情,是关切的事情,是意识到自身的实践,是一个逐渐自觉的实践意识,一种在假如它终止或仅仅衰落了的情况下对所留下的虚空所产生的隐忧。现代性的历史就是社会存在与其文化之间紧张的历史。社会存在迫使其文化

---

① 李伦新:《海派文化就是上海文化吗?》,《解放日报》2009年6月22日第11版。

站在自己的对立面。这种不和谐恰恰就是现代性所需要的和谐。"①
也即是我们把战争的特殊性考虑进这一时期，并将其抽离出来，去重
新组织社会结构，就会发现在这一时期的人们已经开始对文化进行再
生产，并从传统的恒定性束缚中游离出来。这就是安东尼·吉登斯所
说的"现代性的后果"②，他认为："现代性指社会生活或组织模式，
大约 17 世纪出现在欧洲，并且在后来的岁月里，不同程度地在世界
范围内产生着影响。我区分了现代性的三种主要来源，其中每一种都
与另一种相关联。时间与空间的分离。这是在无限范围内时空延伸的
条件，时空间的分离。这是在无限范围内脱域机制的发展。它们使社
会行动得以从地域化情境中'提取出来'，并跨越广阔的时空距离去
重新组织社会关系。知识的反思性运用。关于社会生活的系统性知识
的生产，本身成为社会系统之再生产的内在组织部分，从而使社会生
活从传统的恒定性束缚中游离出来。"③ 当时的"孤岛"上海就是这
样一种境况，它已从战时的大多数环境中脱离开来，重新组织起了新
的社会结构和社会关系，一方面关心现实，另一方面又逃避现实，正
如"孤岛"代表期刊《美术界》在第 1 卷第 2 号的一篇文章《论战
时绘画说到新写实主义》里说的那样："在上海和内地，恰恰成了一个
对比，一方面是力强的，硬性的，建设的，民族主义的。另一方面是陶
醉的，软性的，颓废的，享乐主义的……我们的国家将来必然会走到正
规的建设的途上，那么我们的艺术也必然会倾向到建设的新写实主
义了。"④

　　而"孤岛"时期的音乐期刊《歌曲精华》的编辑，在其中一期
《编者的话》上说道："本社因《歌曲精华》第一集出版后，深蒙各
界读者赞许，荷感莫名。现应读者诸君之要求，特搜集最近中外电影

---

① Zygmunt Bauman, *Ivlodernity and Ambivalence*, Cambridge, 11 Polity, 1991.
② ［英］安东尼·吉登斯：《现代性的后果》，田禾译，南京译林出版社 2000 年版，
第 1 页。
③ 同上。
④ 尼特：《从战时绘画说到新写实主义》，《美术界》第 1 卷第 2 号，1939 年 12 月 1 日。

名曲，海上流行歌谣，刊行第二集，内容印刷较第一集更为完美，以答读者之美意盛情。兹将发刊本书之宗旨，略序如下：我们考察世界的文化历史，知道戏剧是出源于宗教，同时我们知道音乐也是出源于宗教。当时的音乐是用来敬祀神明的。但是到了现在，音乐不但早已失去了它的意义，且由自娱娱人而摇身一变成为商品。所以在这商品化的时代，来谈音乐，实在是言之非易，行之更难。人的天性是爱好音乐的，不论其为文明人或野蛮人，都有天赋的音乐本能。西洋古典音乐起自白种人的欧洲，现在世界风行的爵士音乐却起自黑种人的亚非利加洲。绅士淑女在月下谈心，清歌一曲可以借增情趣；农夫村妇在烈日下耕种，山歌一阵也可以略解疲劳；三层楼上的千金小姐会唱电影名歌，贫民窟里的湖丝阿姐也能哼几句民谣小调。由此可见音乐的本能。人皆有之，是天赋的，没有阶级种族的区别，或时间空间的限制。在最近的三五年来，因为有声电影的兴起，音乐空气似乎日渐浓厚，音乐歌唱盛极一时，尤其是所谓摩登歌曲更见走红，家喻户晓，人人个个，都喜欢哼上几句，这固然是音乐普及的好现象，但是内中却潜伏着一种危机，因为现在一般社会人士虽有音乐兴趣，苦无正当材料，容易走上市上流行的俚歌俗曲的一路。因此曲谱的供应，乃成为迫切的一大问题。目前坊间所售卖的歌曲书籍，数量虽多，然在质量上，能令人满意者颇少。一般通病，不是选择不良，内容庸俗，就是印刷不精，有损目力，而且错误百出，导人歧途。本社有鉴于此，特刊行本书，以供社会需要。只是估量到现在一般的音乐水准，不能把编选的标准，提得太合理想。本书除外国歌曲外，故所选的歌曲，各式皆有，因之风味各殊，也可以说代表目前音乐歌曲这一个时期的分野，见仁见智……不过希望今后本社与读者互祝进步，借本书作为一架过渡和沟通的桥梁，以期能够达到音乐的彼岸，并且能够恢复音乐的原意。"① 透过这本音乐期刊，我们可以看到，在"孤

① 《歌曲精华》（*Songs Selected*），1938年在上海创刊，刊期不定。文氏音乐社编辑，由银花图书出版公司发行。

岛"时期，不论是作为一般的大众读物，还是作为具有专业性质的行业期刊，在选择做出了传递现代性思想的努力的同时，又会在启蒙民众现代性思想的基础上，多承担了一份通过艺术智识来激励期刊出版业和促进社会文化发展的重要使命。

　　作为大众传播机构的"孤岛"期刊社，它们所依赖的生存和发展环境，主要由政策、经济、资源、技术和市场竞争的环境构成。这其中，政治环境对媒介的生态环境有着举足轻重的影响和作用。从传播学的控制分析的维度来看，作为文化信息的传播者，任何一种大众传播机构，都不可以随心所欲地传播信息内容，因为它的传播行为总是要受到社会特定的政治政策、法律制度、文化规范等构成的场域的深层控制。同理，"孤岛"期刊发行必然受到政治、经济、社会等多重方面的影响，这样也就不难理解"孤岛"战争时期强调都市"现代性"文化的特殊意味。今天反观当时的艺术理论与城市文化建设的关系，可以帮助我们深刻认识"孤岛"艺术理论对当时艺术理论的发展、当下中国艺术理论与城市文化之间的密切关系，并对发展两者的内涵建设具有重要的意义。

第三章

娱乐·空间·市民：重商的海派
文化与"孤岛"的娱乐性艺术期刊

　　抗日战争时期的"孤岛"和大后方，形成了两种截然不同的话语空间，从很大程度上来讲，"孤岛"上的艺术期刊在利己主义与自我牺牲、商业诉求与政治诉求之间，毫无疑问地选择了前者。在整个大后方，阶级立场、民族主义在文艺中得到了集中性、紧密性、策略性的呈现，而"孤岛"艺术期刊上的民族诉求和商业意图是纠缠不清的、相互掺杂在一起的。当时的文化工作者们一方面在谴责"孤岛"重商的文艺氛围，另一方面却又在其艺术作品中无意识地流露出大量的感性需求，这种复杂而矛盾的心态在"孤岛"艺术期刊上展露无遗。在整个"孤岛"时期，娱乐型的艺术期刊占据到40%以上，这不仅恰好体现出海派文化浓重的商业化特征，而且还显示出当时市民娱乐空间的特殊建构。也许正如马克思曾经说过的一句话："无论利己主义还是自我牺牲，都是一定条件下个人自我实现的一种必要形式。"① 所以，似乎也可以这样说，"孤岛"时期的娱乐性艺术期刊，在选择利己主义的同时，也是在一定程度上于阵痛中经历实现自我价值的某种蜕变阶段。

---

　　① 马克思、恩格斯：《德意志意识形态》，转引自中共中央马克思恩格斯列宁斯大林著作编译局：《马克思恩格斯全集》第 3 卷，人民出版社 2002 年版，第 275 页。

第一节 "孤岛"艺术期刊的商业诉求

上海作为远东第一大贸易口岸和全国经济的中心，虽然在战争初期受到了重创，但在中立的租界内部开始慢慢恢复元气，并于"孤岛"第二年，经济得到了复苏并或已超越了战前水平。城市人口的剧增与市场经济的复苏带动了商业生产和娱乐消费的畸形繁荣，"孤岛"娱乐空间开始膨胀，当时的娱乐产业也已达到了整个民国时期的最后巅峰，堪称上海娱乐界的"落日辉煌"。复杂的上海时局与重商的海派传统催生出了独特的"孤岛"娱乐空间场域，因而，在孤岛"气候"与海派"气质"互相渗透的环境之下，"孤岛"艺术期刊更多地开始具有明显的商业诉求，尤其是娱乐性的艺术期刊，无一不突出强调"生意眼"对艺术所起到的作用，无一不推崇对明星的娱乐性消费和以读者至上的商业实践，从而去迎合大众在苦闷"孤岛"上的娱乐代偿心理。

一 "生意眼"的突出强调

"生意眼"是形容一个人或某一个行业要有以赚取经济利润为目的的商业眼光。在经济畸形繁荣的"孤岛"之上不乏一些投机商，为了获取商业利益而去制作发行娱乐性的报纸杂志等读物，供"孤岛"上苦闷封闭的读者以消遣。因为，当时的"孤岛"在西方列强的多年占领管辖下，已经渐趋成为一个商业化和技术理性的社会，而出版发行业的存在也是以经济条件为前提的，报纸杂志等刊物的撰稿、编辑、出版和发行都必须以稳定的资金作为基础。混乱的经济体制下，报刊作为一种特殊的商品，就需要通过零售、订阅、广告、发行收入等方式来获取利润和积累资金，以保证出版生产市场的良性循环与运作。艺术期刊当然也必须按照市场经济规律来编辑和发行。而且在西方的大多数国家中，艺术期刊与其他刊物一样，被视为商品，其主要功能也多是为了供读者欣赏娱乐和放松消遣。因而，"生意眼"这三个字不仅常出现在艺术期刊之中，还贯穿于整个"孤岛"娱乐性艺术的创作理念之上。

就拿电影期刊来说，当时的很多电影期刊都是"作为电影公司发行的一种宣传工具与附属商品，如此商业属性决定了其刊登内容的基本走向和风格。它每一期几乎都占用大量篇幅来介绍、推广公司拍摄的新片和培养的明星，主要包括剧本作品（本事）、演员剧照、主题歌谱、相关影评及电影海报等，其商业诉求可见一斑"①。该杂志时常发表以强调"生意眼"为宗旨的文章，电影期刊《新华画报》曾经刊登过一位资深影迷郭正明的文章，他在《电影不能无"生意眼"》中写道："我以十多年看电影的经验，就觉得中国的电影导演普遍的缺点便是缺乏'生意眼'。至于'生意眼'之对于一部影片的重要性，并没有第二个理由，因为电影的产生，无论为资本家的盈利的目的，或者是什么电影文化的使命，总不能不把如何吸引观众而使观众的数量增加作为最先的一个要求。全世界的电影院没有不售门票的，做一个观众还得花钱，那么电影本身就得为观众的腰包设想，观众拿了钱进电影院，在出电影院的时候，你应该有些什么相当或超胜于所付的代价给他们带走……这些影片中提示正确的意识，或者实践了文化使命，然而，没有观众，还不是等于零吗？反之，文化人所笔诛口伐的，却大售其满座，这是最最痛心的事……'生意眼'三个字的注意，假使有一天能为许多有心胸有才学的前进剧作人所接受，这总是真正中国电影的出路。……剧作人在找到了题材之后应有三部分工作：（一）如何使'生意眼'强调起来！（二）如何健全你的作品的内容！（三）如何运用技巧与效果！"② 这篇文章极具代表性，不仅指出"生意眼"是电影的最重要的组成部分，也启发了电影创作者应重视"生意眼"的作用。诸如此类强调电影要有"生意眼"的

---

① 游溪：《管窥〈新华画报〉中的孤岛电影与理论表达》，《美与时代》2014 年第6 期。

② 参见《新华画报》，1938 年 6 月 1 日。

文章还有欧阳予倩在《银色》旬刊上发表的《作品与生意眼》①，都同样论述了电影艺术与电影经济之关联，试图结合艺术规律与经济规律来给电影重新定位，凡此种种，不胜枚举。

与此同时，通过诸多电影期刊上每期都会刊登的电影海报和新片预告，我们也可以发现，"孤岛"时期的影业公司对于"生意眼"的重视不仅体现在文字方面，还贯穿执行在影片类型的探索上，"除了大量拍摄能获取商业利益的古装片，还仿制好莱坞、开拓出民国时期前所未有的类型片，如恐怖片《夜半歌声》及续集、中国第一部野兽片《中国泰山危险记》、中国第一部长动画片《铁扇公主》、类型杂糅的恐怖喜剧片《王先生夜探殡仪馆》等，新华影业的导演马徐维邦还声称将创造哲学影片。凡此种种，均表征出当时本土类型实践与域外类型经验的互文指涉关系。而且，事实也证明，这些类型片的尝试，都取得了不俗的票房成绩"②。因而会有同时期的很多电影报业称赞张善琨影业的商业追求："中国电影托拉斯的张善琨大老板，他所创办的新华影业公司，在目前的上海可算是众望所归的了，也就是观众们期待最多的电影公司……为国产电影放一异彩，并且开创了一条国外路线，可以使欧美各国能够更正确地认识中国，不会再把中国当作一个谜一样的国家，更可以使他们认识中国文化是在突飞猛进着，的确是为我们国家和我国电影争取光荣不少。"③ 当然，也有很多人对注重商业诉求的新华影业表示出质疑或反对的意见，认为上海制片家不能只顾"生意眼"，要"对得起自己的良心，对得起观众"，不能摄制出"包了糖衣的毒药"给观众看。④ 但是，任何艺术活动的发生，都离不开当时特定的社会历史语境。就像当时的市场职业话剧、商业戏曲演出、音乐会、美术展，很多

---

① 《银色》旬刊，1940 年由吴镛子主编在上海创刊，由中国图书编译馆出版，该刊属于电影刊物，停刊时间及原因不详。

② 游溪：《管窥〈新华画报〉中的孤岛电影与理论表达》，《美与时代》2014 年第 6 期。

③ 落芙：《有所希望于新华公司的（包括华新和华成）》，《青青电影》第 4 年第 11 期，1939 年 6 月 13 日。

④ 参见《电声》第 970 期，1938 年 4 月 15 日。

都要有资本运作的商业基础才能够进行下去的。在那样一个特殊的时期里,"孤岛"文化工作者重新重视艺术及艺术出版物的商业利益,试图结合经济规律与艺术规律来追求艺术期刊商业性与美学性的平衡,并躲在商业性的面具下采用含蓄曲折的、富含隐喻性的方式,从而探索着较为安全与合适的艺术创作和理论表达。

艺术期刊也即如此,随着"孤岛"经济的特殊发展,艺术刊物也越来越明显地呈现出它的商品经济属性。从很多娱乐性艺术期刊的内容来看,所谓"孤岛"期刊的商业现代性,主要表现在,它更多地以新的价值观和方法去表现和解释人生,它是站在现代都市工业文明场上来看待中国的现实生活与文化的,它对现代都市生活的兴趣远远超过对乡村的兴趣,它迎合出版发行市场,是现代商业文化的产物。这几方面糅合在一起,便是"孤岛"艺术期刊重商的海派气质。

二 对明星的娱乐性消费

较之于民国初年,"孤岛"时期的铜版印刷术已经达到了一个较为成熟的阶段,因而这一时期的大多期刊画报几乎都会登有相当数量的明星照片和人物图片,而主要内容无一例外的都是一些关于明星的个人简介、婚恋生活、演艺动态、兴趣爱好、日常琐事以及八卦绯闻。所谓的消费明星,其实就是当明星被人拿来做话题时,我们称此明星被大众消费,也即明星被别人写,被别人阅读,因为消费成本实在很低,所以也属于无偿消费。通过援引美国学者罗伯特·C. 艾伦和道格拉斯·戈梅里的观点,我们知道,"公众并不直接认识某个成为明星的银幕外真人,他们知道的仅是通过各种各样的来源传播出来的哪位明星的特定表象,公众所认识的不是作为一个人的明星,而是作为一种形象的明星"[1]。因而,大众对于明星的娱乐性消费多是通过媒介传递构建起来的一种想象性消费。"孤岛"艺术期刊上的明星

---

① [美]罗伯特·C. 艾伦、道格拉斯·戈梅里:《电影史:理论与实践》,中国电影出版社 2004 年版。

消费方式多是为了辅佐相关公司的宣传策略与迎合大众娱乐的视觉消费，这其中，对于明星的娱乐性消费方式也可以分为"凝视"性消费和"窥视"性消费两种。

　　首先，相较于其他注重刊登明星绯闻、趣闻的艺术期刊，很多电影期刊的宣传目的就显得更为明确。例如新华影业公司旗下的《新华画报》，"从 1936 年发行的第一期《新华画报》开始，其封面是著名演员胡萍，其他明星如童月娟（张善琨妻子）、韩兰根、刘继群、许曼丽等人，再到之后每一期刊登的无论男女还是新老，这些画面人物均为新华公司旗下或参演过新华电影作品的明星。尤其是几个号外特刊，以《云裳仙子特刊》为例，一共 47 页的画报，约有一半都是在介绍女星陈云裳，并将她命名为 'The Angel'，而拍摄有关她的剧照、生活照、表情特写照更是多达十几幅。采用明星视觉图谱的排版样式，既于有形中让影迷观众满足了消费明星的欲望和快感，又在无形中大力宣传了《云裳仙子》这部新电影"[①]。除了这种直观显性的图片式宣传，《新华画报》还利用明星之间的逸闻趣事、婚恋生活等绯闻来为新片造势，例如，"刘琼与严斐、黄绍芬与陈燕燕在电影界为最美满之夫妇，平时私生活亦极严肃，不料近因隋宫春色花魁女杜十娘等片时常配戏多接触的关系，为人造谣谓刘与陈有恋爱事件发生"[②]。这样的消费明星的方式也不免沦为新华公司的宣传策略。诸如此类的还有艺华影业公司发行的《艺华画报》、国光影院公司出版的《国光影讯》、金星影业出版股份有限公司推出的《金星特刊》、民华影业公司联合影艺出版公司制作的《孔夫子特刊》以及中国联合影业公司创办的《国联影讯》，等等，这些电影期刊都是属于其隶属电影制作公司的宣传刊物。这些电影刊物引据美国某杂志的调查报告，说明大部分的观众进影院看电影都是因为"主角是我敬爱的明

---

　　① 游溪：《管窥〈新华画报〉中的孤岛电影与理论表达》，《美与时代》2014 年第 6 期。

　　② 参见《新华画报》第 5 卷第 9 期，1940 年 9 月。

星"①。因而,为了迎合大众对于明星的消费需求,画报也并非只为宣传策略而刊登电影明星的照片,只是不同于有的报刊将明星的身体、私生活进行过度消费,它们所展示的明星大部分都具有健康向上的审美形象,体现了一种较为严肃的娱乐消费观。正如第五年第四期"春回大地,女明星们更显得明朗了"②中拍摄的顾兰君、陈云裳、陈燕燕、谈瑛的四组照片,其优雅得体的穿着、阳光健康的笑容,无一不显露出既时尚又良好的民国女性的仪态美。③ 所以这些期刊对于明星的消费方式算得上是具有审美意义层面的"凝视"性消费。

然而,除此之外的另一些娱乐性艺术期刊,对于明星的消费则偏重于"窥视"性的消费,尤其是对明星的隐私、绯闻和八卦消息进行披露、揭示和杜撰,从而满足"孤岛"读者的猎奇心态。就以"孤岛"时期的《影星专集》这本期刊来说,其上刊登的多属明星的私生活或家里事。1941年在上海"孤岛"创立的月刊《影星专集》,由大同图书杂志公司发行、大同编辑室编辑,停刊日期及原因不详。主要撰稿人有谷星、太公、奎章、张振华、吴鸣、许英、李萍、严华、实惠、刘坤言、醒谷、梅御、施星媛、蒋玩、姚野萍等。该刊报道上海大小明星的罗曼史,分别编成"罗曼史特辑"上、下两集,专刊"周璇严华婚变专号",主要文章有《关于周璇的事》《金嗓子周璇成名详记》、奎章的《周璇自杀前因及后果》《严华的成名经过》《婚后琐闻》《周璇韩非之恋记详》《白云访周璇》《访问周璇录》《周璇年谱》《婚变中影星对于此事之意见》《前奏言:周璇与严华婚变》《"金嗓子"周璇、桃花太子严华结合经过》、严华的《我的自白:这真是一件意想不到的事》、梅御的《周璇严华纠纷解决:从盛传周璇给严华一万五千元为离婚条件说起》、凯壮的《贵为光华公司的老板娘顾兰君爱李英的缘由》《天赋予的多情种子:清算舒适的风

---

① 参见《新华画报》第5卷第4期,1940年4月。

② 同上。

③ 游溪:《管窥〈新华画报〉中的孤岛电影与理论表达》,《美与时代》2014年第6期。

流账前后制造罗曼史半打》《银幕上私底下的一对情侣：袁美云与王引的恋爱史》、刘坤言的《谁个少女不怀春：周曼华的三页罗曼史：孙敏、舒适、周菊生》《余光追求李红记》等。该刊的性质为电影艺术期刊，但多报道明星的花边消息、桃色新闻，挖掘明星八卦内幕，然而，内容是否符合事实却有待考证，所以该刊只供广大市民茶余饭后消遣。这其中，"金嗓子"周璇与严华的离婚一事，被当时的多家期刊撰文报道。

除了《影星专集》推出的专刊"周璇严华婚变专号"之外，还有 1941 年 6 月 22 日在上海创刊的不定刊期《严华周璇婚变特刊》，出至同年 7 月 30 日第 7 号后因严华周璇离婚而停止，共发行 7 期。由应人出版社出版，属于娱乐性刊物。该刊编辑不详，主要撰稿人有厨司、承达、局外人、白雪、大郎、鸣君、杜牧、正平、陈明勇、小平、半解、长城甘氏、一知、孔父等。该刊创刊的动机是："能使双方重趋和好之途，然而事情往往会生出意外，这出悲剧的闭幕还是离婚。"① 该刊公开了严华、周璇离婚的经过及原因，刊登当事各方启事、广告及行止活动，采访当事人以及相关人员等，回顾了双方过去的生活，分析考察婚变事件的各种原因和当事人的态度。并刊有周璇所演唱的诸多歌曲和电影歌曲及流行歌曲歌谱。《揭穿秘密，柳中浩利用周璇再拍电影》一文揭露柳中浩通过和"民华"公司合作，请费穆拍片，来排挤金星影业公司。该刊始终质疑"过房爷"柳中浩是此次婚变的策划人，在该刊的宣扬下严华受到舆论的同情，并多次接受本刊采访。该刊刊登孔父的《小型报舆论》对社会影响巨大。正如作家安德烈·马尔罗说的那样："一个人的真正面目，首先是他隐藏起来的那部分。"② 于是当很多明星隐藏的部分借助新媒体在太阳底下曝光后，在一个以儒家传统道德为文化肌理的国度里，他们站在了大众道德要求的对立面。于是他的一言一行、一举一动都成了

---

① 《严华周璇婚变特刊》，应人出版社出版，1941 年 6 月 22 日。

② 殷乐：《"八卦新闻"之流变及传播解析》，《新闻与传播研究》2011 年第 4 期。

"孤岛" 民众茶余饭后吐槽的对象, 大众们以全民狂欢的姿态戏谑着这些明星的每一个传闻、每一个八卦, 而乐此不疲。

　　这些娱乐性消费对当时的明星也造成了不小的困扰, 但是"孤岛"娱乐期刊的报道却也符合了当时世界上对于明星消费的主流趋势。1890 年, 美国专家沃伦和布兰代斯首次公开发表了《论隐私权》一文, 隐私权法在 1978 年改革开放后又被中国法学界引入, 我们也开始将"隐私权"界定为在个人生活中, 人有权享有不愿为他人知悉的秘密, 但同时也确定, 公众人物由于其特殊性, 其享有的隐私权与普通人物不同。而且, 娱乐圈、富人圈、艺术界及体育界的明星, 因为往往拥有很高的知名度与曝光度, 一旦缺少了媒体公众的关注, 他们也就无法去获得那些可观的社会资源与经济利益了, 所以他们为其相应地付出一定的隐私公开的代价也是符合公平、平等原则的。① 其实, 明星离婚本没有对错, 都是当事人双方自己的事, 婚姻中的冷暖外人也很难知晓。民国时期的上海娱乐圈风云变幻, 每天都有明星恋爱结婚、分手离婚、犯罪被抓, 上海市民公众在当时的全国中来讲也是见过世面, 练就出处变不惊的态度, 学者理查德·戴尔说:"明星公开的表演与明星的私生活这两类文本的交织、融合塑造了作为一个整体形象的明星。如果明星的表演文本与隐私文本能够连贯一致、交织互动、和谐统一, 那么在媒介文本中所组成的网状传播路径中, 明星的魅力在不同文本的叠加中将呈现出强烈的扩张态势, 从而引发大众产生关注、支持、喜爱甚至崇拜等积极意愿, 这是最为理想的互文效果; 但事实并非如想象中的那么美好, 明星的负面新闻显然为当时苦闷的民众提供了更多消遣。"② 从其刊登的《明星离婚》《我来劝劝他们》《谈到第三者韩非》《周璇出走之谜》《严周事怎样解决》《周璇没落》《严华终于休妻》等文章, 我们不仅能看到严华周璇离

① 在 1890 年, 美国沃伦和布兰代斯发表的《论隐私权》一书中有所涉及。

② 陆绍阳:《中国电影产业链中的明星制建设》, 中国电影论坛 (http://ent.sina.com.cn/m/c/2003—09—24/1806205987.html)。

婚的整个过程，还能够体会到当时记者和读者对于明星私生活的过度"窥视"。该刊从大众的娱乐角度出发，因严华自曝婚变内情而受到众多关注，引起周璇歌迷们的极度关心，因而由该刊的创立可以从侧面折射出"孤岛"娱乐期刊业的极度发达。

三 迎合大众的代偿心理

众所周知，在战争的特殊年代，带有娱乐性质的艺术期刊一定是在占领者或统治者比较宽容或权力薄弱的地方创办发行起来的。由于当时上海英美、法租界特殊的政治格局，使得整个"孤岛"成为日军势力和中央权力不能达到的区域，这种处境既是优势，也有劣势。优势在于"孤岛"这种言论相对自由的地方就成为文化工作者创办各种各样刊物的理想场所，也成为抗战时期有别于大后方的各类艺术期刊的主要生发滋养之地。据相关统计，"孤岛"时期的上海各类文艺报刊几乎都是在租界地区创办。而劣势则在于激增的人口在封闭的环境中，难免会产生许多压力、困苦和心理上的不适，很多"孤岛"人不堪生活的重负，饿死、冻死、病死、过劳死的不在少数。[1] 这是因为战争时期，人口大量迁入"孤岛"，城市人口高度集中，这虽然带来了当时上海城市租界的繁荣发展，但同时也给"孤岛"上的富民、平民、难民带来了生存的压力和心理上的孤独。上海周边江、浙地区的乡村人口为了避难，大批拥入"孤岛"，在短时间内迅速变身成为都市社会中的一员，他们失去了原来乡土大户家族、邻里街坊的和谐关系，进入了一个完全陌生的城市生存环境，全新的车水马龙、大厦林立、灯红酒绿的都市环境给他们一种新的心理压力，生活的没有着落，城市贫富的巨大差距造成他们心理的失衡，这种心理的压力需要一个情感的释放渠道。而在"孤岛"上避难的富贾商人也同样感受到了封闭环境带来的压抑和沉闷，所以也需要有发泄心中沉重苦闷的渠道。因而，娱乐型艺术期刊这种大众化的娱乐消遣方式的应运

---

① 陶菊隐：《大上海的孤岛岁月》，中华书局 2005 年版。

而生和繁荣发展，就成为人们日常生活的一种现实需要。"孤岛"上的人们除了需要舞厅、游乐场、咖啡馆等各种各样的消闲娱乐活动之外，在闲暇时间看看杂志这样的消遣文化，也能够极大地充实自己孤独的精神生活，从而达到调节现实生活的单调空虚与苦闷难耐的目的。

娱乐杂志的创办者深知"孤岛"上苦闷的生活，他们了解市民喜好什么、想看什么，因此本着读者至上的商业原则，利用一些明星绯闻、身体消费、滑稽漫画等来编辑一些有趣幽默的内容供读者以消遣。其中，既有严肃娱乐的艺术期刊，也有格调不高的庸俗娱乐读物。比如，1938年11月27日在上海"孤岛"创刊的半月刊《上海画报》①，属于较为严肃认真的娱乐性画刊。该刊由叶灵主编，徐端良发行，顾亚凯、张古愚、朱雨民、宋超、叶逸芳编辑，陈明勋为图画编辑，主要撰稿人有唐镜溥、春光、周郎、苏少卿、杜鳌、朱一萍、赛孟尝、徐进之、赛飞、陈耀庭等，其中徐进之为驻港特约撰述。主要栏目有平局种种、香岛舞星、舞国佳人、戏、歌、特写等。该刊提倡正当的娱乐报道，主要介绍上海孤岛的各种畸形娱乐事业，包括影、戏、弹、舞、歌、茶等，同时也刊登一些新闻动态。所刊文章有《对评剧妄言改良者有感而发》《中国剧浅说》《梨香馆主谈剧》《考京戏之由来》《对于影片公司要说的几句话》《关于风波亭之我见》等有关电影与戏剧的内容。同时，该刊大量的娱乐性文章都围绕着舞女展开，发表《舞女与理发》《舞女转变三部曲》《谈谈孤岛以外的舞圈》等有关舞女的文章，除此之外，也载有《谈谈女弹词家沈毓英》《梅兰芳小传》《程砚秋之汉明妃》《张善坤先生载誉归来》等名人传记及评价，并载有滑稽侦探长篇小说《福尔摩斯探案》。该刊的创刊是"希望在上海畸形娱乐发展的时代，能够为高尚的娱乐尽一份力，内容广泛，不仅将孤岛的娱乐事业集合起来加以透视，而且

---

① 《上海画报》，1938年11月27日在上海创刊，1939年2月停刊，由现代出版社出版，属于娱乐性画刊。

也涉及许多孤岛以外的娱乐"①。

同样，1941年创刊的《漫画月刊》，以漫画来映射现实社会，展示社会生活，该刊载文以漫画、漫话为主，通常也刊载戏剧、诗歌、摄影等作品。还有1939年的半月刊《我的画报》，该刊是综合了影舞戏剧文艺小品的刊物，旨在"使男女老幼读了都呈现出兴奋和积极的姿态"②。载文刊有文人百态，报道舞海闲谈，刊载影坛风云，介绍银坛拾零等。其中《白杨与国语》一文可谓是行文幽默、轻松娱乐。以及1939年5月在上海创刊的半周刊《上海日报画刊》，由上海日报社发行，1939年6月停刊，属于娱乐类刊物。撰稿人有秋心山人、西平、黄鹄等，该刊主要刊载名伶照片，公布各类消息，报道国外娱乐新闻，刊登连载小说等作品，每期都刊登的"孤岛杂咏"专版，感叹文化封锁现象。曾刊有《略谈按摩》（1939年第1期）、《出口税与进口税》（1939年第2期）等文章。

然而，像是《乐府》（*The Happy Life*，月刊，1939年）这样的综合刊物，就属于格调不太高，追求通俗、庸俗娱乐效果的期刊，其刊幅不多，内容力求丰富，文字精简，意思畅达，穷究事实的真相，多刊载电影、舞艺、戏剧、播音、花界等方面的人物趣事。例如，曾刊登的文章有午珍的《志在解决性欲：由旧剧而联想到北平的黑车里宣淫：是姨太太少奶奶们性欲上的唯一出路》等。

1939年创办的娱乐性刊物《甜心》半月刊，其创刊宗旨就是借以调剂生活的苦闷，增进娱乐，供给"孤岛"上人们的一点精神的食粮，以报道趣味消息为主。其刊登的文章主要有炎森的《歌女花絮：跑街兜生意》、周云钦的《发刊词："休谈国事，莫论人非"，被困在孤岛上的人们……》《新华拍"杨贵妃"彩色古装片：张善坤飞港邀胡蝶》，以及1941年在"孤岛"上创刊的文化娱乐刊物《享乐图画月刊》，刊有大量有关社交活动文章，娱乐场所介绍，滑稽、幽

---

① 《刊首》，《上海画报》1938年11月27日。

② 《发刊词》，《我的画报》1939年第1期。

默小品和评述文章、漫画等，也有格调不高的艺术类作品和杂文。还有像是创立于 1935 年 7 月的老牌娱乐杂志《娱乐（上海，半月刊）》（原来是半月刊，后又改为周刊发行），停刊于 1938 年 10 月，其上的文章也都多属于庸俗性的市井娱乐内容，例如《女厕所》《便于偷摸》《老资格：供女人搂抱的男子》等。①

纵观"孤岛"上的娱乐性艺术期刊，可以说它们是"孤岛"民众在紧张的战时环境中所服用的一支清凉剂，因而，从这一意义上来说，这些娱乐性的艺术期刊迎合了当时上海都市现代化市民心理的需要，它给市民提供了一个可供心灵欲望释放的发泄渠道和文化空间。在对苦闷读者的代偿心理的满足方面，这些软性刊物算是做出了一定贡献，但是其庸俗乃至低俗的格调也是一直遭受到后人诟病的原因所在。那么，如何来看待战时的娱乐期刊及其建构起的相关娱乐空间，也是我们需要面对和分析的问题。

第二节 "孤岛"娱乐空间与海派都市文化

20 世纪二三十年代，上海城市的娱乐业发展从传统逐渐走向了现代，在经历了"一·二八""八·一三"等接连几次炮火的冲击之后，上海娱乐在一段时间内由盛转衰，并在备受煎熬中艰难发展。然而，到了"孤岛"时期，上海的城市娱乐空间发展却经历了一个非常特殊的繁荣发展阶段，之前受到战事影响而停滞不前的娱乐业开始逐步恢复，报纸、期刊、杂志等也相继复刊，传统和现代的娱乐市场也逐步恢复了人气，并且还时常有新的娱乐场所开张营业。通过"孤岛"娱乐性艺术期刊上的娱乐活动报道、女性消费、广告刊登等内容，我们不仅可以了解到当时的娱乐空间是如何形成和发展的，还会发现这样的娱乐空间具有非常明显的海派都市文化风貌，并且不断呈现出孤岛"气候"与海派"气质"的双重特性与交叉质感，从而可

① 参见《娱乐》，1938 年 9 月 1 日。

以发掘出"孤岛"娱乐空间和海派文化的建构关系。

一　"孤岛"娱乐空间的形成和发展

关于早期上海城市娱乐空间的记录，在一批历史专家或学者，像王韬、葛元煦、黄式权、池之微、屠诗聘等人，他们所记载并介绍上海早期城市娱乐活动的书籍上，我们可以见到，如《瀛壖杂志》（1875 年）、《沪游杂记》（1876 年）、《淞南梦影录》（1883 年），《沪游梦影》（1893 年）、《上海风土杂记》（1932 年）、《公共租界工部局年报》（1930—1941 年）、《上海市大观》（1948 年）等。这些书并非专题研究上海娱乐空间，但对于当时的上海娱乐设施和场所都有一些指南性的介绍。通过援引整个上海早期娱乐业的发展史之后，我们可以发现，上海的娱乐空间从以传统的戏院、茶馆、酒楼、烟馆、妓院等娱乐场所占优势的生活空间，逐步转向了以现代的电影院、剧院、舞厅、美术展厅、酒吧、马戏团等活动场所为主的娱乐空间，这一转变意味着以上海城市为代表的海派文化的巨大转型。从空间形态上来看，上海城市娱乐的发展就是从市周围的县城、老城区、城隍庙等郊区地带亦步亦趋地紧随着商业的繁荣脚步，发展到了当时新兴的"洋泾浜"两边的租界地区，自此之后，上海娱乐业发生了不可逆转的迁移过程。从 19 世纪五六十年代直到 20 世纪四五十年代，上海的城市娱乐由盛转衰，"孤岛"时期可谓是"落日辉煌"的最后一个巅峰阶段，其实也应该说，是上海城市娱乐发展历史中一个非常特殊的阶段。

与全国战争期间紧张的氛围相比而言，"孤岛"时期似乎已恢复了往日的祥和气氛。《电影周刊》于 1938 年第 11 期刊登的一篇以《孤岛上娱乐事业生气勃勃》为醒目标题的文章，说明指出："近来海上娱乐事业，畸形发展，跳舞场之生涯鼎盛，电影院之座客常满。"① 与此同时，《电声》杂志也发表刊文说，不久又将有两家电影

---

① 《卷首》，载《电影周刊》1938 年第 11 期。

院开业,一家为沪光电影院,另一家为重新启用的"夏令配克电影院"①。从当时的艺术期刊可以看出,"从新华的开始摄片,艺华的复活,国华的崛起,以及美商中国联合影业公司的诞生,合众的创立,证明了上海的电影事业非但没有衰落,反而在炮火的洗礼下更加坚强地发展起来"②。在娱乐消费市场复苏的强势带头下,因战事而沉寂了一段时间后的电影生产和消费活动也重整旗鼓、力图重现辉煌了。经当时的电影期刊显示,"孤岛"电影业和电影院的迅速而繁荣地发展,尤其是新华影业更是一枝独秀,高产量的电影作品一时间称霸"孤岛"影坛银幕,这便是海派文化精神产品在特殊时代下产生的一个典型代表。到"孤岛"中后期,上海电影仍在类型与商业的不断探索中渐渐走向成熟,创造了当时历史上中国电影的一个巅峰时代。

与此同时,"孤岛"剧院的职业话剧演出也如雨后春笋般纷纷出炉,当时有期刊记载:"近来'孤岛'情形很为不'孤',尤其是戏剧界。"③ 比较有名的剧团当属"绿宝剧场"。当时的很多戏剧刊物都以"孤岛不孤,绿宝活跃"④ 为题大做文章。绿宝剧场是在畸形繁荣的"孤岛"经济背景下产生的商业话剧场,主办者是新新公司,因为资本实力的雄厚,这个剧场的出世,便比较健全而活跃,开幕两个月左右之后,就由于它们完美的设备和坚强的演员阵容,具有极大的号召能力,一块客满牌永远高挂着,给所有的观众最好的印象,向隅的人们,更是望门兴叹,感觉到"要看绿宝,只好白跑",雨水绿宝天天客满,也天天有人白跑,绿宝便活跃到了极致,把其他简陋脆弱的话剧场,无形地吞并了。新新公司创立绿宝,目的当然是牟利,可是事实上创设的动机,还是在改良剧场和提高话剧的已没落的地位。绿宝开幕上演的名剧是《香衾重温》,接着又演了《乳燕曲》《连环

---

① 《夏令配克电影院于 1934 年 10 月关闭》,《电声》1934 年第 3 卷第 40 期。

② 参见《电影周刊》1939 年第 31 期。

③ 《新剧谭》,《电影周刊》1938 年第 11 期。

④ 《孤岛不孤,绿宝活跃》,《新新画报》1938 年,第 17 页,上海市档案馆藏,档案号:D2-0-2404-17。

风流债》，都是很刺激的，连卖了一个多月的满座，后来又继续演出的是《母夜叉》，一部话剧场独树一帜的恐怖戏，当时的目的是放在"八·一三"之后，恐怖的空气过去了以后再演，给上海的观众换一下口味。"它们的开演时间是二时八时两场，电话订座专差送票，上海人万事讲惬意，你要看绿宝的戏，只要拨通九四四四电话，票子就会送到你府上，连看戏都惬意到这般程度，'孤岛'怎会不热闹，'绿宝'怎得不活跃？"① 除此之外，上海的业余戏剧社、益友剧团、国联艺剧团、中国旅行歌舞剧团②等，也时常上演商业性的职业话剧，吸引了"孤岛"上的大批观众前去娱乐消费。

除了电影院、剧场等娱乐活动场所，"孤岛"上还有很多画厅、画廊、美术展览馆等营利性机构，来承办大量的美术作品展销、拍卖等商业化活动，当时具有一定知名度的美术展览场地有大新画厅、宁波旅沪同乡会、湖社、八仙桥青年会等，其中，尤以大新画厅最为著名。大新画厅于 1936 年开始正式营业，原隶属大新百货公司，是其公司在四楼经营的一个小画廊，既展出作品，又出售作品，"从 1936年 7 月 1 日承办刘海粟二度欧游画展开始，共承办过 270 次各种美术展览。1939—1941 年间约占全上海美术展览的 1/3 以上，其中许多都是具有很高艺术价值、在美术史中占有重要地位的展览或是全国性的展览"③。由于战争的缘故，上海附近的许多有钱有闲的富人商贾纷纷逃到租界避难，从而致使"孤岛"上的艺术品市场，尤其是美术品展览市场异常火爆，商业化的美术展频繁发生，据《申报》《美术界》《上海艺术月刊》《良友》等杂志记载，大新画厅在"孤岛"四年期间共展出 109 次，并且坚持了商业性与学术性的平衡诉求，所以去美术厅看展览，可谓是一种寓教于乐的休闲娱乐活动。当然，还

---

① 《孤岛不孤，绿宝活跃》，《新新画报》1938 年，第 17 页，上海市档案馆藏，档案号：D2-0-2404-17。

② 《新剧谭》，《电影周刊》1938 年第 11 期。

③ 陈珊珊：《探析民国初年上海大新画厅及其美术传播研究》，《视觉艺术理论研究》2011 年 2 月。

有遭受战争严重打击的音乐、跳舞、广播等娱乐活动，也开始苏醒并逐渐繁荣起来，好多音乐杂志、舞厅画报、广播特刊的出现，就标志着上音乐厅、逛舞厅、听广播也是"孤岛"上人们最喜欢的娱乐项目。

可见，透过"孤岛"艺术期刊上的娱乐活动报道，我们能够管窥到"孤岛"上生活的人们，为了排解压抑和苦闷，常常流连于游乐场、戏院、电影院、舞厅、剧场、画厅、酒吧、咖啡馆、茶馆、跑马场等现代娱乐场所，这就在封闭的"孤岛"形成了一个市民社会特有的娱乐空间——"作为一个体制化的消极自由的场域"①，这种市民社会的娱乐空间展现了"孤岛"生活与海派文化的现代性日常层面。

二 对女性身体的消费成为都市生活的标志

作为一种商业社会的产物，"孤岛"时期的娱乐性艺术期刊不仅充斥着对明星的娱乐消费，还体现出对女性身体的大众消费。其实，女性形象作为文学与艺术表现中取之不尽、用之不竭的神话母题来源，一直因其渗透着男性主观偏见从而被女性主义者所诟病。通过西蒙·德·波伏娃、劳拉·穆尔维以及贝蒂·弗里顿等女性主义理论家的相关著作，我们可以得知：在父权社会中，男性社会意识形态对女性的影响和规定使得女性归于从属地位或被支配的地位，女性不仅沦为被看的对象，而且成为男性对女性"利他主义"的一种期待，所以在许多以男性为主体或为满足男性各种需要而虚构创造的神话当中，女性往往都以美丽纯洁、牺牲奉献、沉默无私或是古怪丑陋、放荡邪恶、充满欲念的形象出现，这些或美化或扭曲的女性神话形象无一不是处于父权制二元对立思维中的被动的、次等的客体。而画报、杂志类的期刊作为一种世俗神话，"一方面以低廉的价格满足着看客

---

① Albrecht Wellmer, Endgames : The Irreconcilable Nature of Modernity, *Cambridge*, *MIT*, 1998, p. 11.

的欲望，另一方面又犹如'放大镜'为我们提供种种梦幻般的模式、偶像和理想"①。充斥在"孤岛"艺术期刊上的各类女性身体形象都会看到这种被女性主义者斥为"第二性"的神话原型，尤其以在娱乐型的艺术期刊居多。

例如，1938年创刊的《光华》双周刊，主要报道"杨贵妃歌女社"的活动，并且附有大量歌女照片和收费标准。载文有"歌女与社会""谈谈歌女的生活""各国女性美特征"，观点为"歌女事业是畸形社会的特殊产物，歌女事业养活千百女子及其家庭，歌女事业繁荣市面上的许多营业"，其中配图多为身着暴露服饰的女性身体。而《春色》杂志上对于女性身体的消费除了裸体人像，还有关于女人性话题的文章，该刊于1935年1月在上海创刊，1939年2月停刊，停刊原因不详，由钱沄等编辑，千秋出版社编辑发行。其他题名《春色图画半月刊》，半月刊，属于通俗刊物。栏目有文字、舞场巡礼、文艺街沿、妇女讲座、电影动态、漫画。主要撰稿人有萍子女士、王定一、史济宏、夏天吾、陈陈、胡楣等。该刊主要发表有关女性话题的内容，登载影星逸事和剧照，妇女讲座指导人们怎样教养儿童，还刊有大量人体图画照片，有些文章内容较低俗，是一份供人消遣的读物。该刊登载过《春暖芙蓉夜》《好像一部电影故事》《和尚头同尼姑头》《女性独白》《现代女性的条件》《她告诉我》以及史东山的《给演员的话：成功不在镜头面前，而在平时、在事前》等文章。

还有1938年在"孤岛"创刊的《仙乐画报》月刊，也是一本消费女性的娱乐性画刊。虽然该刊全篇刊登的内容均是以图文结合的方式来宣传介绍仙乐宫舞场的舞女，同时报道关于跳舞、电影、评剧等娱乐消息，但该刊的目标却是要"以高尚纯正的态度，发扬娱乐的光芒"。《仙乐画报》的主编谢文元在《发刊词》中这样说道："孤岛人口密集，各项娱乐，也应运地日益繁荣。娱乐刊物的产生，似乎担负

---

① ［匈］伊芙特·皮洛：《世俗神话——电影的野性思维》，崔君衍译，中国电影出版社1991年版，第2页。

起了宣扬娱乐的伟大使命，各尽它们发挥的能力。人们需要娱乐，乃是借以调剂日常生活的苦闷。人们在辛苦忙碌之余获得了娱乐，身心便得以营养，是以娱乐是人类的精神食粮，谁也不能缺少的。然而娱乐绝不是简单的消遣事件，它有导人走入光明大道的伟大能力，也有骗使陷入残落的危害。高尚的娱乐，都有至高无上的艺术价值，谁也不能否认的。要是我们正在找寻高尚娱乐，要求在如许娱乐刊物中给我以准确的报道的话，我可以说这是绝无仅有的事。这不是说所有的娱乐刊物都未负它们应负的使命；实际上，它们确乎故意地把至高无上的艺术丢诸一旁，较有刺激的攻击事项，特别加重了资料，非但遮蔽了读者的视闻，反且麻醉了读者的神经；因之，竟也有被恶意辱骂而自杀了。诸如此类，他们的刺激反成了陷入残落的罪恶，对整个的娱乐圈为获得丝毫的扶持而外，却特别地加以伤害，这是一般较有目光者所共知的事实。可以说，《仙乐画报》的诞生，并不是来纠正所有娱乐刊物的错误，而铺陈他人的罪状，发扬娱乐的光芒，以富有艺术价值的'跳舞''电影''平剧'为中心材料，并附以其他娱乐的报道，虽然我们是心近力远能力有限，对于图画文字音乐等各项材料的搜集，务求确切而深著趣味，特约海内艺人为我们执笔，本我们的精神，负出版物应负的责任。"①（见图3.1）

其实，无论是电影期刊中那些具有健康良好形象的胡蝶、于燕燕、黎莉莉等带有地母/盖娅式象征意味的女性明星，还是舞厅杂志中介绍展出的舞女们等充满诱惑与欲望的妲己式的妖女/魔女形象，诸如此类"孤岛"娱乐期刊中的女性形象塑造，无疑都有着男人为自己目的而设计的假想成分在里面，深刻反映出了更深层次的男性意识形态，由于"通过这些神话，父权社会以生动有力的方式，把他的法律和习俗强加于个人"②，从而迎合了男性的情感需要，满足了大

---

① 《发刊词》，《仙乐画报》1938年3月1日。

② ［法］西蒙娜·德·波伏娃：《第二性》，陶铁柱译，中国书籍出版社1998年版，第293页。

图 3.1

众的欲望消费。可见，"孤岛"上对于女性的消费已经成为都市生活的一个重要标志，究其原因，无外乎两点。首先，"孤岛"上居住的人的性别构成失衡，男性居民要比女性居民多出来许多。根据 1938 年的相关史料，有人作了一份关于上海游乐场的市场调查，可以发现，在所有游客中，"男性游客占 80%，女性游客占 20%"①。这虽然只是一个不算全面的调查研究的个案，但却也能从某种视角反映出"孤岛"消费群体的差异。即便是在游乐场这样一个具有大众化娱乐内容的场所，男性也占有绝大的比例，更不要论酒吧、球场、赌场等更具男性消费特色的地方了。这样的性别结构，再加之中国社会传统以来的男性沙文主义情结，就更导致了对女性身体的消费现象愈演愈烈。其次，在战争时期，对女性身体的消费不仅满足了大众苦闷的、压抑的内心，还可以从某种程度上来讲，消费女性形象软化了意识形态带来的压迫感。因为女性的身体是柔弱的、不具对抗性的，所以期

---

① 金武周：《上海租界游戏场调查》，上海沪东公社 1943 年版，第 7 页。

刊、画报多用女性消费作为主题，也是对当时敏感时局的一种保全自身式的回避和闪躲策略。

三　期刊广告与"孤岛"消费文化

一份期刊除了依靠发行量来盈利之外，另一条更重要的获利途径就是通过刊登商业广告来收取版面费。"广告是传播信息的一种方式，其目的在于推销商品、劳务服务、取得政治支持、推进一种事业或引起刊登广告者所希望的其他的反映。广告信息通过各种宣传工具，传递给它所想要吸引的观众或听众。广告不同于其他传递信息的形式，它必须由登广告者付给传播的媒介以一定的报酬。"[①] 当然，这种插入商业广告的模式早在晚清报刊创办之初就已开始，并一直延续至今。"孤岛"时期的娱乐性艺术期刊比普通期刊刊登的广告要更多，有时甚至其中的一整个版面都被各种各样、琳琅满目的广告霸占。这其中的广告有为期刊自身作的广告，也有为当时商家作的广告宣传。

"孤岛"艺术期刊上的大部分广告都是关于化妆品、服装、烟酒、食品、药品、电影放映、戏剧演出、期刊征订的内容，这些广告不仅宣传面广泛，而且起到了引领城市文化潮流的作用。在当时的现代性文化中，"孤岛"上的人们不是被要求去做出选择，而是要去选择属于自己的物质消费。他们把服装和饰品等消费性的商品当作是"阶级身份被看的象征"[②] 的沟通工具来看待，要求自己的消费商品来显示和象征自己的身份、阶层和品位。那么，"从这种意义上讲，在消费文化中，一直存在着种种声望经济（prestige economies），它意味着拥有短缺商品，用相当多的时间进行投资，恰当地获取，有效地运用金钱和知识。不过解读这样的商品，可以将它们的持有者的身份予以等级分。与此同时，消费文化使用的是影像、记号和符号商品，它们体

---

① 参见《简明大不列颠百科全书》（第15版）中对广告的定义。

② 百度百科：《戈夫曼戏剧理论》，http：//baike.baidu.com/link? url = cQJS7cylqPYMc56MWpv3GYfrZF83M_ Y9WlWRCOQTbYfKtJVfqXXLfRoe4NwyNBAag7agb6HLogRBjObVO6LKba。

现了梦想、欲望与离奇幻想。它暗示着，在自恋式地让自我而不使他人感到满足时，表现的是那份罗曼蒂克似的纯真和情感真实。"① 当时"孤岛"时期的消费文化，似乎就是像学者迈克·费瑟斯通所说的那样"要扩大这样的行为被确定无疑地接受，得体地表现的语境与情境之范围。所以，在两种可替代的选中作出选择并不是一个问题，因为两者都是可选择的。这一时期的消费既不表明某种控制出现了失控，也不表明它就是某种更为严格的控制，而是既掌握了正式的控制又把握着解除控制，并在这两者之间轻易地转换交切的一种弹性的潜在的生成结构"②。因为"消费文化，顾名思义，即指消费社会中的文化。它基于这样个个假设，即认为大众消费运动随着符号生产、日常体验和时间活动的重新组织。……很明显，消费文化的一个重要特征就是，商品、产品和体验可供人们消费、维持、规划和梦想。消费绝不仅仅是为满足特定需要的商品使用价值的消费。相反，通过广告、大众传媒和商品展示陈列技巧，消费文化动摇了原来商品的使用产品意义的观念，并赋予其新的影像与记号，全面激发了人们广泛的感觉联想和欲望。所以，影像的过量生产和现实中相应参照物的丧失就是消费文化中的内在固有趋势"③。因此，可以说，有些"孤岛"艺术期刊上所呈现出来的广告消费的趋势，就是要将市民的消费文化推至当时社会生活的中心位置，只不过它在当时特殊的语境中是零碎而片断的、是不断重复再生产的文化，从而也难以凝聚成为一种占据主导地位的意识形态。

"孤岛"上的各种娱乐广告愈演愈烈，也标志着当时的娱乐产业进入了一种白热化的竞争状态，当时的娱乐企业之间争夺市场客源的竞争也日趋激烈。因为相较于其他生产工业来说，娱乐业作为第三产业，投入资金相对要少很多，谁都可以投身这个行业来进行运作。当

---

① ［英］迈克·费瑟斯通：《消费文化与后现代主义》，刘精明译，译林出版社 2000年版。

② 同上。

③ 同上。

时的《娱乐》杂志曾经发表文章一针见血地批评道："上海的新兴事业，上海人自家有数，'大家呱饭吃'。"① 这就说明，"孤岛"广告多，意味着娱乐场所多，竞争就更激烈，娱乐产业处于一种无序的市场竞争结构当中。但从另一个侧面来看，"孤岛"期刊上广告所显示出来的"市民社会"的娱乐消费本质上是和资本主义市场经济联系在一起的，市场经济进步的和破坏性的动力学联系在一起，黑格尔分析过这些特征。在这个社会中，"消极的"自由已经被社会化了，它是一个普遍人权和普遍社会对抗的社会。对黑格尔来说，市民社会——作为一个体制化的消极自由的场域——"乃是一个伦理秩序的系统，它分裂成一些末端然后便消失了"②。对他来说，市民社会展现了现代生活中的分裂层面，这个看法与卢梭等早期浪漫主义者和后来的马克思截然不同，他们把分裂看作是现代性的最糟糕的东西。而黑格尔则认为，这不过就是在现代性条件下，为维持公共自由所付出的代价。这一现代的条件就是人类个体和普遍人权被完全解放了出来，科学、艺术和职业生活从前现代社会的法治和宗教限制中摆脱了出来。同时，作为一种必须要付出的代价，与古希腊伦理生活形式相对立的现存共同自由形式，其前提条件并不是宽容理性话语或理性考察的体制。因为市民社会是一个总有可能分裂的社会，所以对黑格尔来说，它同时是一个学习的领域，是一个个体在实践的、认知的、道德的和审美的意义上进行个体教育的领域。因此就个体塑造而言，它也有积极的作用，这些个体具有作为现代国家公民所要的精神上和道德上的资格。也就是说，"孤岛"期刊上所显示的海派消费文化，体现出"在消费社会中，对消费品的依赖性——即对购物的依赖——就是所有个体自由的必要条件；它尤其是保持不同的自由和'获得身份'的自由的前提条件"③。

① 参见《娱乐》1938年4月创刊号，第2页。

② Albrecht Wellmer, *Endgames：The Irreconcilable Nature of Modernity Essays and Lectures*, MIT Press , 1998. 9. 30.

③ ［英］齐格蒙特·鲍曼：《流动的现代性》，欧阳景根译，上海三联书店2002年版。

因此，期刊广告所展现出的"孤岛"消费主义姿态，自从在战争期间开始出现时就让人爱恨交织，它的"唯利是图"、它的"无所顾忌"、它的"怎么都行"、它的"肆意狂欢"，都无不显示出：一方面，消费主义文化消解了历史和现实的崇高，无情地揭开了英雄与权威人物的"遮羞布"，击碎了"伟大人物创造历史"的迷信；另一方面，它也提供了新的历史寓言故事，即利用现代纸质媒介等大众传播手段制造另一些谎言，借助商业化的模式寄托对当时"孤岛"离散人们的现存困境和未来世界的深深忧虑。但与此同时，这些广告所呈现的市民娱乐空间，其实也折射并预言了作为我们当下生活的一部分，不断构成而又深深地加重了历史与轮回、现实与预言的混淆。①

第三节　娱乐期刊对市民社会的建构与塑造

西方许多现代学者都曾分析过艺术、期刊、电影、广告等对城市的构建和重新解读是多方面的。例如，赛弗雷德·克拉考尔在《摄影术》中所强调的摄影术对于城市空间布局的再造性；马克·希尔在《电影与城市：历史与理论》（*Cinema and the City in History and Theory*）中指出的电影具有某种惊人且独特的能力来表现城市的空间复杂性和多样性；勒科尔比西埃《城市规划》中说明的鸟瞰视角所产生的"陌生化"审美效应②；等等。另外，美国华裔学者李欧梵的《上海摩登———一种新都市文化在中国1930—1945》、张真的《"银幕艳史"：电影文化，城市现代性与中国的白话经验》等，也都对海派文化语境中的杂志、电影与白话文的互动等做出了引人注目的阐释。③"孤岛"时期的娱乐期刊、影像、照片、画报、广告招牌等极具海派

---

①　游溪：《后现代语境下的中国喜剧电影研究》，硕士学位论文，郑州大学，2012年。

②　［美］安东尼·维德勒：《摄影城市规划：从空中到地面规划城市》，《上海文化》2007年第2期。

③　金丹元、游溪：《上海早期电影理论与城市文化建构———论上海早期电影理论的演进及对当下的启示》，《上海大学学报》（社会科学版）2013年1月，第30卷第1期。

特色的文化表征自一开始就参与了城市的现代化进程，对于市民空间的重新构建也同样起到了不可小觑的作用。总体而言，以"孤岛"娱乐型艺术期刊为参照，不仅可以管窥出市民阶层在审美心态和海派文化之间的关系，而且还能够发掘出海派文化如何在冲突与妥协中重新塑造了战时特殊的市民娱乐空间。

一 市民阶层的审美心态与海派文化

早在"孤岛"之前，上海的娱乐业就已是风生水起，无比繁荣。因为上海是中国最具典型性的移民城市，而且也最早受到了"西风东渐"的事实上的熏染。上海在吸纳外来西方文化的同时，也促使各种代表着一定先进生产力的西方事象和西方意识不断本土化和中国化，当然也为电影的盛行与理论的萌发提供了深厚的社会语境与文化土壤。正因为如此，早已习惯和喜欢追求时尚的上海市民在各种西洋娱乐方式一开始出现时，就能较为淡定、从容地去接受这种现代化极强的娱乐项目，与此同时，对于"电影、话剧、赛马、摩天轮究竟是什么"的好奇心，又自然而然地催促着更多的电影院、话剧场、跑马场、游乐场等娱乐设施在上海落地生根，并逐渐枝繁叶茂，开花结果。① 因而当时，市民阶层的审美心态是好奇的、渴望的，而到了"孤岛"时期，这时的市民早已经习惯了之前的各项娱乐活动，所以对各种各样的西方传进来的娱乐场所失去了原初的兴趣，去那些地方只是为了消遣苦闷生活和培养身份认同感。通过第一章的分析得知，"孤岛"上的人口与战前相比发生了很大变化，在大批难民拥入苏州河以南之后，租界人口一下子从6万激增到300万，这就意味着"孤岛"上劳动人口的急剧增长，这就必然导致了生产经济的迅速繁荣，相应的，娱乐市场也得到了快速发展。其中，囿于特殊时局的政治环境，"孤岛"上的有着明确政治主张的知识分子在逐步减少，而有钱

---

① 金丹元、游溪：《上海早期电影理论与城市文化建构——论上海早期电影理论的演进及对当下的启示》，《上海大学学报》（社会科学版）2013年1月，第30卷第1期。

有闲的市民阶层却突然增多。市民们可利用的闲暇时间相对充裕，为了打发剩余的时间、排解心中的苦闷，大部分"孤岛"市民利用各种各样的娱乐活动来体现自身的存在感，这样就形成了一种特殊的"市民社会"。根据于尔根·哈贝马斯（Jvrgen Habermas）的理解，"市民社会"的核心机制是"由非国家的非经济组织在自愿基础上组成的。这样的组织包括教会、文化团体和学会，还包括了创立的传媒、运动和娱乐协会、辩论俱乐部、市民论坛和市民协会，此外还包括职业团体、政治党派、工会和其他组织等"①。所以说，"孤岛"上的市民去一些特定的娱乐场所，一方面是为了培养身份认同感，另一方面也是他们的生活标志之一。就像当时 1939 年由上海琳琅出版社发行的不定期音乐期刊《爵士歌选》，通过专载中外电影歌曲，让读者茶余饭后听爵士音乐一边消遣娱乐，一边接受学习新的音乐艺术。很多市民去听爵士乐，看爵士乐期刊，就是为了体现并培养自己作为上海小资的身份认同感。

为什么上海市民阶层的审美心态与其他各地有着这么大的差别呢？这不得不从上海作为开埠口岸之日说起。早在开埠以前，上海只不过是一个刚刚从小渔村、小县城转变成一个极其普通的沿海城市，既没有像宁波、福州那样相对较低的交通成本优势，也没有如广州、天津那样作为传统海运港口大市的经济优势。1843 年，鸦片战争之后，按照当时的人口规模来讲，上海在中国城市中仅仅排名第十二位，排在上海前面的依次是"北京、苏州、广州、武汉、杭州、成都、福州、西安、南京、长沙与天津"②。所以，当时的西方商人反而是对福州、宁波、广州等这样的口岸城市抱有非常大的贸易期望。但是，经过了一些努力和将近十年的摸索之后，最为成功的竟然是上海。原因就在于，上海特殊而复杂的社会城市机理所赋予人们的一种

---

① ［德］于尔根·哈贝马斯：《公共领域的结构转型》，曹卫东、王晓珏、刘北城、宋伟杰译，学林出版社 1999 年版，第 44 页。

② 熊月之：《上海城市性格是怎样炼成的——上海开埠 170 年的历史回望》，《解放日报》2013 年 2 月 22 日第 013 版。

不同于其他城市的文化性格。

通过以上关于上海、广州、宁波、福州这四个通商口岸的总结对比（见图3.2），我们可以看到，上海之所以能够在众多通商港口城市中脱颖而出，取代广州、福州、宁波等城市成为当时中国乃至后来的对外贸易中心，这就充分说明了上海市民阶层骨子里所具有的重视商业、开放包容的特殊质素。当时就有记载说："开埠以后，英国人来了，将领事馆临时安排在城里，上海人迎接他们的，一是好奇。英国人走到哪里都有人围观，有人甚至爬到墙上观看：他们身躯怎么这么高大？鼻子怎么这么挺直？眼睛为什么会是蓝的？吃一顿饭怎么要有那么多餐具与程序，还要喝牛奶？有的人不请自进，到房间里这里走走，那里瞧瞧，好似参观博物馆。海派文化的传统之一就是谋利。在那时上海人眼里，与外国人做生意，跟与外地人做生意，两者没有多少区别。外国人在上海经营很顺手，从广州跟过来的一批买办到上海也很适应。"① 除此之外，还有一个趣闻，外国人刚入住上海时，有当地的上海人发现围观"大老外"是个商机，竟然在英国人的住地附近开始兜售贩卖入场券，每个参观者都需要被索取一定的费用买票才能观看外国人。② 当然，最重要的并非是这些笑谈，而是那些"大老外"将西方世界的物质文化与精神文明引入了上海，将欧美具有现代性的政治管理、管理制度、城市建设、生活习惯、伦理道德、价值观念以及审美情趣，统统带到了这里，使其建立的租界变成东方国土上的一块西方文化培育基地。而在租界上生存的华人居民，不仅迅速学习到了较之于封建文化更为先进的西方文明，还不断地开拓着自身的视野，并扩散辐射到其他更多的市民中去，以惊人的步伐迈向了国际大都市的建设浪潮之中。就如同后来人重复提到的"洋泾浜"

---

① 熊月之：《上海城市性格是怎样炼成的——上海开埠170年的历史回望》，《解放日报》2013年2月22日第013版。

② 据记载，关于此事，英国领事巴富尔一开始搞不清楚：围观的人怎么会越来越多，赶也赶不完？后来他发现了这个秘密，怒不可遏，表示无论如何也要搬出县城。而这正合上海道台心意，他巴不得这些夷人离开县城，离得越远越好，省得麻烦。

似的上海城市，其实，就和海派市民阶层根深蒂固的思想文化有着密不可分的关系。

四个通商口岸的总结对比			
上海	广州	宁波	福州
城市人口中，外来商人占有重要地位，上海本地人排外观念不强。开埠初期，无论来沪的外国商人、传教士还是外交官，都认为上海人比较亲近。对待外国人，上海人至少在表面上愿意和外国人作半推半就的接近。开阔了视野的上海人，见贤思齐，羡慕追求卓越生活在上海的外国人，来自世界各地，最多时超过 15 万。相当一部分西方人将上海视为自己的家园，自称"Shanghailander"。	开埠前是岭南政治、文化中心，也是鸦片战争以前中国唯一对外通商的口岸。广东官绅有与西方人打交道的经验，也有俯视、鄙视、仇视"番鬼"的传统。鸦片战争以后，外国人要入城，广州官绅软磨硬顶，就是不让他们入城，入城与反入城的斗争持续了十几年。广州沙面租界在 1859 年辟设以后，租界与华界之间开挖了人工河，严格实行华洋分处，地狭人少，发展缓慢	宁波离上海较近，地缘优势不及上海，所以，先前到那里的外国人，后来不少转移到了上海。	福建政治、文化中心，是通商五口中在鸦片战争期间唯一未被英军占领过的城市。开埠以后，福州官绅以极为傲慢的方式对待英国领事，让他极不体面地自己摸索上岸。英国人在厦门的经营也不顺利，起初所划居留地是校场、水操台一带，但英国人认为那里过于偏僻，恐遭窃劫，不愿前往，几经周折，到 1862 年以后才开辟英租界。

图 3.2

从某种程度上可以说，"孤岛"艺术期刊正是在多元化的海派文化语境中形成的一种独立于政治空间的"大众传媒公共领域"①，由于任何一种具体的文化形态，无一不是社会环境和时代传统交互作用而演化的产物，因而，在"孤岛"时期这样一个政治极度混乱和自由的时代，租界内的现代西方价值体系与日本方面强势渗透的军国势力，对于之前国民政府统治阶级意志的文化占主要地位的上海正产生前所未有的猛烈冲击，从而，"孤岛"上的文化观念更加多元化和丰

---

① ［德］于尔根·哈贝马斯：《公共领域的结构转型》，曹卫东、王晓钰、刘北城、宋伟杰译，学林出版社 1999 年版，第 224—225 页。

富化，人们的思想意识也空前自由与活跃，这些在客观上都为"孤岛"海派文化的萌发提供了一个相对宽松的历史空隙和环境条件。一方面，作为"国中之国"保持政治中立的租界，这不仅在一定程度上为海派文化发展所必需的思想和言论自由提供了保证，而且为生活在"孤岛"上人们的人身安全方面提供了可以依赖的制度保障，从而形成了吸引和聚集战时艺术家与知识分子的生态环境。另一方面，随着上海"以港兴商，以商兴市"①的传统优势的建立，商人阶层逐渐兴起、发展、壮大，这既为市民文化奠定了稳固的物质基础，又开始颠覆了传统中国对商贾经济与文化的贬低与蔑视。海派商业文化从过去被人们看作是具有"投机倒把""工于钻营"等负面价值的文化，到后来发展为具有契约意识、自由竞争和冒险果断的形态意识文化，无不体现了海派文化与市民阶层的发展密切相关。那种繁华精致、讲究奢靡、注重享乐、崇尚娱乐的市民心态，甚至直到今天还在影响着上海居民的生活习惯与文化思维，以及海派文化艺术的价值取向和审美品质。

因此可见，市民阶层独特的审美心态深受海派文化的影响，而"孤岛"市民对于现代性娱乐的审美兴趣是有很大渊源的，这与海派文化的历史更是密不可分，因为海派文化"既不是多重所指的，也不是含糊不清，它表示的是从历史上留下来的存在于符号中的意义模式，是符号形式表达的前后相袭的概念系统，借此人们交流、保存和发展对生命的知识和态度"②。可以说，重商的海派文化催生出了战时"孤岛"的市民娱乐空间，"孤岛"时期的娱乐事业又进一步促使海派文化朝向更为多元化的商品消费文化与通俗大众文化的方向发展。

---

① 常国良：《近代上海商业教育研究（1843—1949）》，博士学位论文，华东师范大学，2006 年。

② ［德］克利福德·格尔兹：《文化的解释》，韩莉译，译林出版社 1999 年版。

二　冲突与妥协：海派文化塑造的战时娱乐空间

在战争时期，"孤岛"时期的娱乐期刊遭到了很多反对和批判的声音，"孤岛"上的人们对于娱乐业一开始也是拒绝的、抵触的。就像早些时期的左翼电影人反对"软性电影"一样，回溯历史，1933年至1935年，刘呐鸥、黄嘉谟、穆时英、江兼霞等人在《现代电影》和《晨报》上发表了多篇文章，提出了与左翼电影人针锋相对的理论主张，也即"软性电影"理论。代表人物之一刘呐鸥早年深受苏联蒙太奇学派与好莱坞及欧洲先锋电影的影响，写过不少从电影特殊本质出发来研究电影艺术的专门文章：他在所发表的《影片艺术论》中说明电影的本质是"以表现一切人间的生活形式和内容而诉诸人们的感情为目的，但其描写手段却单用一只开麦拉（camera）和一个收音机"①，因而电影是不同于影戏的独特艺术，"织接"（即蒙太奇）和文学是其重要生命组织与构成元素。随后他又论及了中国电影描写的深度问题，认为"在一个艺术作品里，它的'怎样地描写着'的问题常常是比它的'描写着什么'的问题更重要的"②，所以一部电影的艺术价值与其所呈现出来的意识形态几乎是没有联系的。在1933年年底，黄嘉谟正式扛起"软性电影"的大旗，特别强调"电影是给眼睛吃的冰淇淋，是给心灵坐的沙发椅"③，电影的功能是娱乐人生，他反对电影中承载政治意识与反映社会现实的左翼内容和倾向，并称那是给无辜观众像填鸭一般强迫灌入的有毒物质——"红色素"。同时，江兼霞认为的"电影制造，电影批评，必须先从它的艺术的成就、技术问题入手，内容是其次的"，还有穆时英所提出的电影的"社会价值决定于艺术价值"④，与刘呐鸥的电影艺术论以及黄嘉谟的电影娱乐观一同构成了"软性电影"的基本理论思想体系。

---

① 刘呐鸥：《影片艺术论》，《电影周报》1932年第2期。

② 刘呐鸥：《中国电影描写的深度问题》，《现代电影》1933年1月，第3期。

③ 黄嘉谟：《硬性影片与软性影片》，《现代电影》1933年1月，第6期。

④ 郦苏元：《中国现代电影理论史》，文化艺术出版社2005年版，第231页。

1934 年，上海左翼戏剧家联盟以夏衍、王尘无、唐纳、舒湮等人为首成立"影评小组"，开始对"软性电影"思想进行论辩与抗争。左翼影评的主将王尘无第一次将马克思主义的辩证唯物论观点运用到电影上，坚持电影是主观对客观的反映，反对"软性电影"论者将内容从形式分离出来的观点。夏衍则从社会学维度出发，认为电影内容重于形式，故事必须具有能够体现现实主义的高度革命责任感。唐纳更是发表《清算软性电影论》，态度更为坚决地从电影的内容与形式之关系、艺术性与倾向性、批评标准等方面对"软性电影"论进行彻底批判。左翼人士借用电影创作来抢占意识形态的主动权从而确立了进步电影的主流地位，保卫了左翼电影成果的苗壮成长，应该承认，这在当时是符合时代潮流发展趋势的，但是全盘否定"软性"论，或将之打入另册，又是偏急的，有些甚至是过火了。从今天的立场来看，"软性"论的问世也是上海知识分子力图建构新艺术理性、新娱乐消费观、新型城市文化的一股不可小觑的现代性思潮。①

反观"孤岛"时期，刚开始的很多期刊对于战时娱乐都持反对的声音，但随着时间的发展，这些反对的声音逐渐消减，取而代之的是类似于软性理论一般的观点重新进入了人们的视野。在当时"孤岛"那样一种畸形运行的特殊时期内，人们的文化教育、心理观念以及生态环境和经济社会的发展难免会不同步、不均衡。西方的娱乐文化与战时人们的紧张心态必然会产生程度不一的冲突与撞击，而且从另外一个侧面来说，先进地区的外来文化对于相对落后地区的本土文化往往会形成具有霸权式的文化颠覆。所以很多"孤岛"上的中国人在面对民族危亡与娱乐消费之间的冲突对立，以及民族性义化话语在遭遇现代性资本逻辑时，难免会产生失语焦虑，并想要通过一些途径来缓解这种压抑性的心理创伤。这一时期，海派文化的重商、重娱乐的传统又直接推进了人们对娱乐的重新认

---

① 金丹元、游溪：《上海早期电影理论与城市文化建构——论上海早期电影理论的演进及对当下的启示》，《上海大学学报》（社会科学版）2013 年 1 月，第 30 卷第 1 期。

识，并为上海这座既有老城厢又有外国租界，既传承着民族、民俗文化，又不断涌进大量西方意识的都市，在城市文化的构建和人的心理、人的审美趣味的转向上潜移默化地起到了逐步渗透和推进现代性的黏合作用。[1]

那么，海派文化是怎样塑造"孤岛"日常娱乐空间的呢？在文化地理学中，"文化被视为现实生活实际情景中可定位的具体现象。文化地理学研究人类生活的多样性和差异性，研究人们如何阐释和利用地理空间，即研究与地理环境有关的人文活动，研究这些空间和地点是怎样保留了产生于斯的文化"[2]。因而，作为一种艺术形式，艺术期刊也具有内在的地理学属性。期刊上艺术的世界由位置和背景、场所与边界、视野与地平线组成，艺术作品里的角色、叙述者以及艺术传达时的发生场域占据着不同的地理和空间。任何一件艺术或一本艺术期刊均可从形式不同甚至相左的地理知识，从对一个地方的感性认识到对某一地区和某一国家的地理知识的系统了解。[3] 尽管如此，有一点是很清楚的，即艺术期刊中所体现的海派精神文化不能被视为是对当时社会地理空间的简单描述，许多时候，正是艺术期刊及其海派文化帮助并塑造了这些空间。

海派文化与生俱来所持有的商业性、娱乐性、开放性等特征，让战时的"孤岛"娱乐空间得到顺理成章的发展，但这些并不意味着民族主义的话语完全被泯灭，就像是作为"孤岛"娱乐性艺术期刊的《戏》杂志上所说："不完全是为了娱乐而产生。戏，自有她的教育上的使命，这一艺术若给我们看作一件玩笑的东西，那就似乎太刻薄而轻妄了。"[4] 当时的娱乐性艺术期刊所构造的社会文化空间，也有着安德森所说的"民族主义"在其中渗透，他认为"民族主义是

---

[1] 金丹元、游溪：《上海早期电影理论与城市文化建构——论上海早期电影理论的演进及对当下的启示》，《上海大学学报》（社会科学版）2013 年 1 月，第 30 卷第 1 期。

[2] 迈克·克朗：《文化地理学》，杨淑华、宋慧敏译，南京大学出版社 2007 年版。

[3] 同上。

[4] 参见《戏》杂志 1938 年第 1 期。

一种想象的共同体"①。在过去,这种想象的方式,主要是纪念碑、广场、旗帜、博物馆等,而在当时的"孤岛",很多发行量大的娱乐艺术期刊已成为"孤岛"民众自我想象的一个重要方式——陶醉、感染、管理或不满,皆缘于对这种想象方式及责任的沉重期待。

---

① [美]本尼迪克特·安德森:《想象的共同体》,吴叡人译,上海人民出版社2011年版。

第四章

隐晦中砥砺："孤岛"艺术期刊的价值取向与海派文化的曲折发展

　　"孤岛"时期的上海，无论是从政治社会语境还是文化艺术氛围都开始了一种全新的秩序。社会旧秩序的瓦解与新秩序的重建，使得"孤岛"艺术期刊的空间开始逐渐阔大起来。与全国其他地区相比，相对自由的言论环境和复杂的敌对斗争，都使"孤岛"艺术期刊的创办风格显得另类而迥异、异彩而纷呈。很多研究"孤岛"历史的专家学者都曾提到过"孤岛不孤"① 这样的观点，无非就是基于当时各种暗流涌动的抗战现实以及各式种类繁多的期刊发行市场。根据统计分类，"孤岛"时期艺术期刊多元化的价值取向大致可以分为救亡、启蒙、消遣三类，而且多采用规避敏感话题的现实影射，以及间接宣传抗日和民族立场的隐晦表达等较为曲折的生存策略，从而也反映出"孤岛"话语空间的紧窄逼仄和危险诡异。处于这样的环境之下，"孤岛"艺术期刊和海派文化之间的互动整合关系愈加明显，在"孤岛"艺术期刊的包容、开放、重商等多元化现代特性被激发出来的同时，海派文化也逐步走上了民族认同的救赎与拓展之路。

第一节　孤岛不孤：艺术期刊多元化的创办理念

　　在日军四面包围下的"孤岛"初期，大批艺术家、知识分子、有志青

---

① 参见［美］傅葆石《双城故事——中国早期电影的文化政治》，刘辉译，北京大学出版社 2008 年版；［美］傅葆石：《灰色上海（1937—1945）》，张霖译，生活·读书·新知三联书店 2012 年版。

年转战"大后方",上海轰轰烈烈的抗战文化救亡运动陷入短暂的沉寂,随着上海失守之后,全国抗战救亡运动的中心移往武汉及其他地区。"孤岛"内部的中共地下抗日组织成员,谨遵中央与中共江苏省委的相关指示①,与大部分爱国文化工作者一起开始秘密地进行并发展抗战救亡文化事业;与此同时,还有大批进步的艺术家、文学家选择了坚守阵地,留在了"孤岛"上继续进行或公开或隐蔽的文化传播事业;当然,也有一些企业家、出版商、投资人会创办一些不涉及抗战救亡宣传思想的期刊,更有一部分小资产阶级文艺作者时常会投稿发表一些与战事无关的、以学术理论或艺术娱乐等为主要内容的文章。多元化的期刊类型面世,也从侧面反映出盛极一时的"孤岛"文化,但是,最后一类消遣刊物和文章被很多后来的研究者单纯地分为进步的和落后的两种类型,把凡是没有直接参与宣传抗日救亡的刊物,都批判和驳斥为消极堕落、没有价值的读物。显然,这种单纯以政治标准为评价参考系的二元对立的分类法,实在无益于现代艺术史和文化史的学术研究。基于此,我们有必要对"孤岛"艺术期刊多元化的创刊理念进行重新审视和判定。

一 抗日救亡的思想宣传

上海沦为"孤岛"之后,政治气候的冷暖无常,导致了中共上海地下组织所处的生存环境极为复杂艰险。日军在占领了上海租界的周边范围以后,开始通过在租界里搞绑架暗杀、流氓抢劫、参加选举、搜集情报等活动,企图将势力范围向租界范围内渗透延伸。而英、

---

① 1938年3月21日,中共中央书记处给江苏省委发出指示:要江苏省委"继续过去巩固与扩大统一战线、坚持抗战的总方针","更加努力在统一战线中扩大党员,建立党组织,扩大党的武装力量与民众运动","在敌人占领的中心城市中,应以长期积蓄力量、保存力量,隐蔽力量,准备将来的决战为主。在统一战线的基础上,在重要的企业中,建立精干的极端秘密的党的组织,切不要轻举妄动暴露力量,受敌人的摧残与打击","要有计划地从城市中调动得力干部,特别是工人干部到农村去担任领导游击战争等工作"。广州、武汉失陷后,中共中央又指示各级党组织,目前工作应注意:巩固国共合作,坚持抗战,反对伪中央政府的出现,反对一切和平妥协的活动,提高全国人民的民族自尊心与胜利信心,党领导的一切团体应成为坚持抗战、克服困难,精诚团结、艰苦奋斗的模范。

美、法三国对于日本侵占上海除租界以外地区的这一行为，一直标榜自己的中立态度，既不偏袒中日战争的任何一方立场，也不干涉交战国的内政问题，这实质上就是西方列强恐有利害冲突而采取的一种"绥靖政策"①。在日军的森严包围下，"孤岛"第三天，公共租界和法租界当局就按照日方的旨意贴出布告："如果有反日活动发生，即将该地区住户代表拘送日本宪兵队从严惩处，并对该地区实行无定期封锁，完全禁止出人，其周围地区亦禁止通行；发现对恐怖事件知情不报者，将予以最严厉的处分。"②上海当时的抗日文化生长环境也不容乐观，日方关于取缔"孤岛"内的抗日宣传活动，让租界当局采取的措施主要有三项："一是警告各报不得采用过于激烈或引起日本人不满的字眼，如称日本人为'敌人'；二是实行报刊登记制度，规定任何报纸、刊物或小册子，非先向本局登记，不得在公共租界内刊行、印刷或书送；三是'劝告'抗日报刊停止出版或改变其态度。"③从而，在"孤岛"初期，产生的关于抗日救亡宣传的艺术期刊虽然并不算少数，但也因为涉及敏感话题，所以要么是"挂洋旗"时断时续地刊发，要么是只创刊了一期就被迫停发了。

鲁迅先生曾经说过："石在，火种是不会绝的。"④虽然在战乱中，大批上海人逃往内地，但是留在"孤岛"内暗中继续进行抗日斗争的还有共产党、国民党、爱国进步人士这三股力量，他们在混乱的上海滩

---

① 绥靖政策，一种对侵略不加抵制，姑息纵容，退让屈服，以牺牲别国为代价，同侵略者勾结和妥协的政策。第二次世界大战前，这一政策最积极的推行者是英国、法国、美国等。20世纪30年代前，绥靖政策国家主要表现为扶植战败的德国、支持日本充当防范苏联的屏障和镇压人民革命的打手。这从凡尔赛体系、华盛顿体系中可以窥见端倪。在道威斯计划、杨格计划、洛迦诺公约中则更具体化了。慕尼黑阴谋更是将"绥靖"推向了顶峰。"绥靖"成为一种姑息养奸的做法。

② 《上海公共租界工部局布告（第4878号）》，《上海公共租界工部局公报》1938年10月2日。

③ 同上。

④ 新学网：《鲁迅火种名言》，http://www.newxue.com/mingrenmingyanmingju/134459278026604.html。

上，继续在租界的掩护下展开暗杀汉奸、行刺日伪、搜集情报、创办进步报刊、宣传救亡思想等活动。其中，留下来的国民党特务，按照重庆方面的指示秘密进行着绑架、刺杀、取密等任务，日方将其视为眼中钉、肉中刺，所以也就把打击的矛头主要对准了国民党方向。由于国民党无暇兼顾带领"孤岛"群众的抗日文化运动，从而"孤岛"时期的抗日救亡宣传工作主要都是由中国共产党和一些爱国人士来领导和担当的。虽然说"孤岛"初期，中国共产党领导下发行的抗战报刊很多都已经不复存在了，"孤岛"前的左翼运动和左翼组织也都被迫消失不见了，但是，左翼精神和左翼风格却在很多"孤岛"抗日艺术期刊上得以延续和拓展。当然，碍于危险的政治环境，共产党人、知识分子及爱国人士采用了翻译报、洋旗报、地下组织等各种形式灵活的创刊模式，利用租界当局的中立立场，用心选择、编译一些有利于介绍中国抗战思想的政治、经济、文化、艺术等材料，向"孤岛"上的居民群众报道抗日前线的最新战况以及国外反法西斯战争的重要形势，宣传中国共产党关于抗日战争的政治主张和民族立场等，以此来传播抗战救国的民族思想，激起"孤岛"民众的爱国情怀。

风雨飘摇的"孤岛"刊物在周围狼烟四起的战争环境中成长，自然经历许许多多的磨难，但在生死存亡的危急关头，留守"孤岛"的所有爱国知识分子在中国共产党的领导下，用文字做武器，义不容辞地走上了艺术救亡的征途，路漫漫其修远兮，艺术家们饱尝艰辛与苦难也要留在"孤岛"上，都是为了一个目的——抗战救亡，抗战救亡的民族立场也就成为"孤岛"艺术期刊在它存在的那段特殊的历史时空里一个不可能回避的主题。1938年6月，上海书业界发起保卫文化运动，并以"上海保卫文化运动筹备处"名义发表宣言。宣言指出：日伪设立"教育科特区办事处"①，"通令审查"教科书和

---

① 中共上海市委党史资料征集委员会、中共上海市委党史研究室、中共上海市委宣传部党史资料征集委员会合编：《上海革命文化大事记（1937.7—1949.5）》，上海翻译出版公司1991年版，第57页。

"登记"学校,逮捕进步学生,检查学生作业,梦想消灭我国人民的民族意识,摧残我国的文化。①每个不愿做亡国奴的中国人都应该起来反抗,保卫我国文化。①宣言号召教育、书业、报业、新闻等各界人士联合起来,投入保卫文化运动,"筑起保卫文化的堡垒"②。与此同时,设在法租界霞飞路(今淮海中路)的文化生活出版社门市部开张,除批发、零售本版图书,经销生活、开明等书店的图书杂志外,并暗地发售宣传革命和抗战的秘密书刊。中共上海地下组织利用租界当局与日本帝国主义之间的矛盾,抓住群众运动蓬勃发展的有利时机,大大发展了党的力量。地下党文委也利用租界的特殊地位,利用洋商报刊作为抗战的宣传阵地,或以外商名义出版各种书籍,组织专业的话剧团体,积极开展抗日文化运动,使"孤岛"文化盛极一时。

"孤岛"时期具有代表性的抗日救亡艺术期刊主要有《中国电影》《中国艺坛画报》《文献·日本侵略中国电影的阴谋特辑》《大风画报》等,还存留在当今的图书馆和档案馆中。其中,《文献》特辟的刊物专号《日本侵略中国电影的阴谋特辑》中,编者用十几页的大篇幅版面来报道了日本国际电影发行社的社长市川彩君于1938年6月在北平主持召开的"日本的大陆政策及其动向"座谈会的相关内容,并且刊登出其社长大肆宣布的"今后日本电影要以中国电影市场为目标",以及他强调的"在日本电影上千万不能加上日本或满洲的名义,最好用大题材的中国电影的姿势出现,表面上和日本、满洲毫无关系,而应当使它成为完全的中国人的事业"③。此期《文献》的目的就在于调查战争时期,日本针对中国电影业而制定推行的"大陆政策"的阴谋,并且指出了这一政策实质上就是日本政府把在政治和军事上"以华制华"的策略移植到了电影方面而已,以此来揭露日

---

① 中共上海市委党史资料征集委员会、中共上海市委党史研究室、中共上海市委宣传部党史资料征集委员会合编:《上海革命文化大事记(1937.7—1949.5)》,上海翻译出版公司1991年版,第57页。

② 同上。

③ 阿英:《前言》,《文献·日本侵略中国电影的阴谋特辑》1938年第1期。

本企图在电影宣传方面推行"大陆政策"的丑恶罪行。为此,《文献·日本侵略中国电影的阴谋特辑》更是通过知识分子翻译出的三篇有关日本试图将其电影打入中国市场的政策文字,刊登到附录部分,作为白纸黑字的证据。该刊的主编阿英在《前言》中指出:"对日本推行文化侵略、毒化中国电影应予以充分警惕。"① 而1938年12月在上海创刊、由大风编辑部编辑的月刊《大风画报》,也同样是属于抗战性质的期刊。该艺术画报的撰稿人有徐琴心、杨刚等人,创刊号为《中国之进展特辑》。该期刊刊载大量反映在日寇侵华阴谋与暴行的阴影下中国人民生活状况的照片,同时也刊登国民革命军抗战照片与鼓励抗战的论文,以此提高民气,积极报国。如刊有《铁军的创造与领导者张发奎》,称其"俸金的节储,完全用在与办教育上面";同时刊有国民革命军中另一位将领何应钦将军的文章,赞其曰"忠于自己的信仰,忠于国家"②;还曾刊有《前清六部书吏之素描》对于研究清代书吏具有参考作用,也有冲杀、瞄准等军事照片。抗战不忘生产,该刊发表《工作! 生产!》等文章,认定生活的意义就是工作,持久的斗争还需生产。此外,该刊刊登的关于长城、洛阳古城的照片,对于古建筑艺术的保存具有重要的参考意义。

而在其他的艺术杂志中,有关论述艺术的救亡功用的文章也是非常之多。比如说,作者甄奇在《音乐艺术与政治》一文中引用了普列汉诺夫的《艺术与社会生活》中的一段话:"社会并不是为了艺术家而存在,确是艺术家为了社会起见才存在的。艺术非帮助人类意识的发达,社会构造的改造不可"③,作为开场白,认为一个伟大的艺术家是应该站在进步的革命的立场上,向侵略者、榨取者的黑暗统治制度做无情的英勇的斗争。接着,他又以中国新音乐运动的开拓者——聂耳为例,说明了历史上有无数伟大的艺术家们,他们用各种

---

① 阿英:《前言》,《文献·日本侵略中国电影的阴谋特辑》1938年第1期。

② 《铁军的创造与领导者张发奎》,《大风画报》1939年第1期。

③ 甄奇:《音乐艺术与政治》,1940年,上海市档案馆藏,档案号:D2-0-2624-3。

形式来表现和刻画出对当时社会进步势力不断的歌颂与追求，以及对反动势力无限的憎恶和仇视。在这种情况下，创造了他们伟大的作品和不朽的灵魂。所以，"一种艺术作品之伟大，一定是它的社会政治意义决定着这艺术作品本身的价值"[①]。进而论述道，音乐艺术在本质上看，同样是不能脱离社会条件而超越阶级存在的，因此，"一个从事音乐艺术的工作者，在严肃的艺术工作中，应该克服那些个人的浪漫的艺术至上的不好倾向，而集中力量在政治上发挥其高度的战斗意义。否则的话，那一流钻进为技巧而技巧的小圈子主义的作风，充其量不过是给那些坐汽车、听音乐会的大腹贾、姨太太们开散消遣而已。中国新音乐艺术工作者，无疑应该为新中国的政治斗争而服务，而努力。同时，更要在工作中把音乐艺术自身的质量普遍地发展与提高"[②]。

还有，《艺术讲话》期刊中，作者魏宗以《从"3P"来批判艺术品的正确性》为题，深入探讨了艺术与 Period（时代）、Place（环境）、People（群众）之间的关系，认为在当时要批判一个艺术品的正确与否，得先看看这个艺术品是否合于时代、环境、群众的要求，他认为"我们的一切举止得配合着这整个时代的动向了；而一切的艺术品更应含有时代的意义。因此，画家们就不应再无聊地描画着那些停留在几世纪前的《鹤壁纶巾》《静听流泉》的人事里了。在今日所围绕的环境中，我们闻见到的，是一片苦难而悲惨的客观现实。我们不能漠视它，而情感敏锐的艺术家们更应有积极的表示。一切艺术品应能尽情地揭露这片现实，使欣赏者能从这些艺术品中受到感动，得到鼓励，爆发出力量来。因此一切的作家们不应仅仅拘泥于无关痛痒的题材上，作超现实的深奥的描摹了。而一切的艺术家更应以群众的福利为前提，以群众的意志为意志，而把一切的艺术品都以群众为中心了，过去的那些只供绝对占少数的特殊的富人阶级赏览的作品，是

---

① 甄奇：《音乐艺术与政治》，1940 年，上海市档案馆藏，档案号：D2-0-2624-3。
② 同上。

再不要了。因此，凡一切叫作正确的艺术品，顶起码都要配合时代，反映客观现实，站在群众的立场了"①。

当时就有日本学者记载 1941 年日本人在上海所经历的种种体验，可以窥见战争时期在 "孤岛" 上的知识分子所具有的浓厚爱国抗日思想（见图 4.1②）。除此之外，很多电影、戏剧刊物也都纷纷发声，要求电影、戏剧等艺术作品要学会理性救亡、理性宣传，不能以抗战救亡为噱头。例如，《电声》刊首 "我们的话" 《救亡与出风头》中写道："甚矣哉，人之好出风头也。既云救亡，牺牲且不惜，更何有乎风头。可是一般号称救亡演剧者，偏有些聪明特达之士，要在里边寻出风头，且因出风头之故而起内讧，终致剧团失败，团员作鸟兽

石坂知行・豊島与志雄・加藤武雄
谷川徹三・室伏高信・三木清
『上海』（三省堂、一九四一年）

小説家の加藤武雄は唐詩を口ずさみ、美人に会えない不運を嘆いていた。哲学者の谷川徹三は背筋を熱りながら、騒音で眠れないとこぼしている。遅れてやってきたのが、哲学者の三木清。再会を祝して、南京路の料理店でまた乾杯となる。とはいうものの、彼らはただ遊んでいたのではない。中国の文化人の様子を見てきてほしいという依頼で、上海を訪れたからである。

上海知識人の対日感情は、かなり厳しいものだった。豊島のエッセイのタイトルも、「上海」の改面。政治と切り離して文字を考えられず、和平か抗日か、態度決定を迫られそうで、同席しても名乗ろうとはせず、心を閉じている様子がありありと窺える。

新劇の抗日意識も強く、「敵が中国の国土へ侵入して来ても」「結局我々は勝って見せる」と役者が喋ると、インテリ青年で一杯の客席からは掛け声がかかる。国内では平凡な青年が、中国かも日本と関係ある人々には、鉄血鋤奸団から脅迫状が届いていた。廊下で出会う学生たちの眼には、明らかに敵意が含まれていた。トイレや掲示板には、汪政権打倒の落書きがあり、「日本の走狗」と記されている。

三木は抗日思想の背後に、日本人の遺憾な行動を見いだした。自己を絶対化して、他の民族主義を認めないのは、同朋からも嫌悪される行動をとっていると、三木は主張する。「日本民族の優秀性は教へられたが、異民族については、長短ともに何ごとも教へられなかった」という、上海在住D氏の言葉をここに付け加えれば、問題の本質の一端が見えてくるはずである。

（和田博文）

图 4.1

① 魏宗：《从 "3P" 来批判艺术品的正确性》，《艺术讲话》1941 年第 1 期。
② ［日］和田博文：《言语都市·上海（1840—1945）》，东京大学出版社 1999 年版，第 175 页。

散,真是何苦来!"① 而作为"孤岛"时期上海戏剧杂志的代表,《剧场艺术》也时常报道其他各地的抗日戏曲活动,对当时上海的抗战活动起到一定的作用。四年来,不管是公开发行的还是地下创办的,这些刊物都或多或少地报道或宣传过抗战救亡的思想。由此可见,"孤岛"时期宣传抗日的艺术期刊,可谓是打破了当时上海"孤岛"上一时噤若寒蝉的清冷局面,如同冲破漆黑长夜的惊雷闪电,鼓舞着深陷泥沼中的上海人民的抗战救亡情绪。

二　艺术精英的文化坚守

随着"孤岛"人民日渐高涨的反日情绪与此起彼伏的抗日运动,日本军方开始严密控制租界内的各种新闻、宣传、出版等活动,对两大租界的觊觎之心和掠夺企图更加明显和猖獗。

1939 年 4 月 12 日,日本驻沪总领事三浦义秋会晤公共租界工部局樊克令,面递备忘录,要求取缔租界内华文报纸的反日宣传。针对日本的这一无理要求,《文汇报》于同月 14 日发表短评《斥日方无理要求》②。"4 月 18 日,工部局派人与英、美驻沪领事馆商讨对策。4 月 22 日,英驻沪领事召见各英商报刊的总编辑,要求停刊抗日文字。4 月 26 日,日本驻沪领事署再次向租界当局发出备忘录,指责租界当局未报实际措施。4 月 27 日,工部局警务处分别向《大美晚报》《大美晨报》《华美晨报》《华美晚报》《新闻报》《新闻夜报》《申报》《儿童日报》《中美日报》9 家美商报纸发出警告。"③ 29 日,樊克令函复三浦义秋,答应立刻发布禁止抗日宣传的布告。1939 年 5 月 5 日,公共租界工部局通告各外商华文报:"凡载政治宣言,必须提付审查,倘不遵守,即

---

① 刊首"我们的话":《救亡与出风头》,《电声》第 7 年第 35 期,1938 年 10 月 21 日。

② 短评:《斥日方无理要求》,《文汇报》1939 年 4 月 12 日。

③ 中共上海市委党史资料征集委员会、中共上海市委党史研究室、中共上海市委宣传部党史资料征集委员会合编:《上海革命文化大事记(1937.7—1949.5)》,上海翻译出版公司 1991 年版,第 82 页。

不准在公共租界内发行。"① 同月 11 日，工部局又与法租界公董局联合发布通告，重申禁止租界内抗日宣传活动，违者一概不予以保护。同年 6 月 1 日，工部局发布布告，禁止一切抗日活动。

面对着越来越严峻的形式，在局势复杂的"孤岛"上发表正面宣扬抗日救亡的文字已非易事，爱国进步人士随时都会面临生命的危险，本着民族的赤子之心，留守在"孤岛"上的大批精英知识分子，宁愿避谈时事也不能沦为卖国的汉奸，所以在如此境况下，也许唯有沉默地坚守在自己所钟爱的艺术理论上，才不失为一条较为安全保险的生存路径。从而，一些艺术期刊转变创刊策略，甚少或者避而不谈国事和战争，只是就艺术作品与政治宣传性的诸多问题，做出解答，并在艺术理论的探讨方面做出了不懈的探索。这些期刊一般还继续对每个艺术门类的本质属性、表现形式、创作技法、艺术价值等各个方面展开了较为深刻全面的理性思考，对大众进行具有现代性意义的启蒙教育。"孤岛"时期创办的这一类型代表期刊有《电影艺术》《美术杂志》《音乐月刊》《剧场艺术》等。

与此同时，知识分子们并没有将其创办的艺术期刊沦为纯粹的政治武器或彻底的抗战宣传工具，而是就艺术作品与政治宣传的问题展开了深入而持久的理性探讨。例如，尚塞发表的文章《为"艺术主题"和"为艺术而艺术"答辩方与君》，针对方与君在某期刊上答复曹涵君《关于艺术主题》一文，提出了自己的观点，他认为，关于什么主题才是正确的问题，"必然会引起所谓'掌派性'的纷争，也就是资产阶级同无产阶级的纷争了。任何一面诽谤相对一面的主题的意见，都是不应该的，因为他们的存在，是反映着他们的过程，这里有许多艺术家们是不愿去多争论的"②。在他看来，艺术家不愿意争

① 中共上海市委党史资料征集委员会、中共上海市委党史研究室、中共上海市委宣传部党史资料征集委员会合编：《上海革命文化大事记（1937.7—1949.5）》，上海翻译出版公司 1991 年版，第 82 页。

② 尚塞：《为"艺术主题"和"为艺术而艺术"答辩方与君》，1940 年，上海市档案馆藏，档案号：D2-0-2717-30。

论的原因并不是为了逃避现实，而是因为时代的转变和生存的适应性会给他们做出指示。而关于"为艺术而艺术"主题能否存在的问题，作者认为也可能存在，"因为艺术的本质是超然的，没有武器意义的，是和平的，是单纯表现人类情感冲动的产物。因为本身是美的东西，任何人看来都是美的，而且使我们的情感对它发生了共鸣的反应，绝不是因为它袒护任何一派的见解才能被认为是美的……艺术的本质，绝不该有积极的斗争意义的，是没有阶级的，可是表现艺术的技巧和形式是有'章派性'的，同时也是有斗争意义的，艺术品是社会的一种奢侈品，嗜好它的人很多，更不限制什么阶级，于是便被政治家所注目，便利用它来做一种'掌派性'的宣传物了。当艺术走向这条路以后，它的发展便受了许多的拘束"①。

　　最后，作者也提到了"艺术品是不能拿它来同商品比拟的，所以它的'社会价值'不及它本身的'艺术价值'来的重要，假如太重视'社会价值'不免太注重生意眼了。艺术绝不是大众的面包，同时更不能是资本家的香槟酒，它是一种极坚实出色的食物，除非先天很好的人才能消化它，这是不可以强求的"②。即便是在《抗战文艺》这样政治宣传色彩极强的刊物上，有人还是坚持认为艺术性的重要作用，例如《抗战文艺》其中一期，鹿地亘在《关于"艺术和宣传"的问题》一文中深入探讨辨析了文艺作品"宣传手段"和"艺术性"的问题，他认为："只有杰出的艺术创造物，才有最深刻的宣传性。但是在宣传艺术上，只有最单纯化的'艺术的把握'，才能发生宣传的效果。总之艺术性和宣传性，不是分离的，如果把艺术作为手段，没有艺术性就没有宣传的效果。"③"在这伟大的过渡时代中，民众向文化的进步部分和落后部分的相差，更益显明了。落后的部分非常广大，他们的文化水准低得可怕。对于他们，高的文化艺术

---

　　① 尚塞：《为"艺术主题"和"为艺术而艺术"答辩方与君》，1940年，上海市档案馆藏，档案号：D2-0-2717-30。

　　② 同上。

　　③ 鹿地亘：《关于"艺术和宣传"的问题》，《抗战文艺》第1卷第6期。

的教养，似乎是不能成为问题的状态。单纯的宣传，以及能够懂得报纸大意的文字教育，及其他极初步的启蒙运动，必须正面地呈现出来。"①

在这样的文艺观影响下，"孤岛"出现了很多由知识分子创办的刊物，这些期刊都非常注重艺术性和学理性的研究。例如1941年在上海创刊、由上海剧艺社②编辑并出版的《剧艺》刊物，该刊的主要撰稿人就是巴金、陈歌辛、仲彝、曹禺、李健吾、胡导、周起、贺宾、英茵、承达、金陵、仲马、江帆、于伶、吴琛等上海乃至全国的精英知识分子及爱国青年。该刊主要的内容就是介绍1938年7月，于伶等人以中法联谊社戏剧组的名义在"孤岛"上成立的上海剧艺社的各项演出活动，探讨1941年上海的演剧运动，刊有于伶的《戏剧上海1940》、巴金的《关于家》、陈歌辛的《作曲的记忆》、仲彝的《一年来的编剧工作》、曹禺的《争强》、李健吾的《撒谎世家》、周起的《一封书》、贺宾的《家》、英茵的《在黑暗中》、承达的《话剧的观众》、金陵的《现阶段演剧艺术的探讨》、仲马的《穿长衫做戏》、徐立的《我爱戏剧艺术》、江帆的《一年来演出的戏剧》、吴琛的《两年半来上海剧艺社》等。正如吴琛在该刊发表的《两年半

---

① 鹿地亘：《关于"艺术和宣传"的问题》，《抗战文艺》第1卷第6期。

② 1938年7月17日，上海剧艺社成立。上海艺术剧院流产后，于伶等人意识到，要在"孤岛"立住脚跟，就必须挂上洋商的牌子。经文委同意，于伶以中法联谊社戏剧组的名义，组成上海剧艺社。上海剧艺社集中了留在"孤岛"的戏剧界的主力，如于伶、阿莱、李健吾、顾天彝、李伯龙、朱端钧、陈西禾、许幸之、吴永刚、吴天、徐渠、吴仞之、蓝兰、夏霞等担任社务委员或编导。已去内地的戏剧家夏衍、曹禺、张骏祥、丁西林、吴祖光等都为上海剧艺社提供剧本。郑振铎、许广平、赵景深、戴平万、鲁思、孔另境、林淡秋、王元化、蒯斯曛、石华父、萧岱等也直接或间接地支持上海剧艺社，上海剧艺社在上海"孤岛"坚持演出，直至太平洋战争爆发后，于1941年12月18日才被迫停演。在这三年多时间中，剧社演出了不少优秀的剧目，并培养了一大批话剧新人。上海剧艺社先后有演职员十多人参加了新四军，有的则在抗日战争中献出年轻的生命。在上海剧艺社成立的同时，还成立了一个"上海剧艺社生产消费合作社"，募集股金，每股10元，李健吾等均认数股，共得1100余元，作为戏剧事业的资金。

来上海剧艺社》一文中所述："以严肃的研究态度，努力提高演剧水平，选成功的舞台名剧，供给观众精神食粮。"① 该刊对于促进上海剧艺社的发展，推动戏曲艺术在社会的影响力起到了积极的作用，是现代学者研究民国时期戏剧发展史不可或缺的资料。由此可见，留守在"孤岛"上的知识分子，无论是为了文化启蒙的职责，还是为了照亮现实的前进之路，他们都渴望在黑暗的现实中也能够发出自己的呐喊。

三 消解苦闷的精神慰藉

英、美、法三国殖民者在上海租界的新闻自由特权，客观上起到了掩护抗日等政治报刊宣传活动的作用，但这绝不仅仅是一项可以依赖的保护伞。日本侵略者依仗着军事威慑力量，不断对租界当局施加影响和压力，租界内部的压力和矛盾冲突在期刊业的出版发行上显露无遗。透过"洋旗"报刊的几度沉浮，我们可以窥见，西方国家和日本势力的消长和对比，"孤岛"期刊可以利用这种矛盾关系作为生存的条件，但是完全地依赖这种矛盾又是靠不住的。有感于"孤岛"上的人们生活得压抑和苦闷，很多作家也会在期刊上发表一些生活无望的感慨。通过林林总总的期刊文章来看，当时人们的生活就像卢卡斯（Lukas）所描述的那样："有人将社会生活和个人生活看得毫无意义，把现实生活只看成是人类灵感的破灭，然后是时间的破灭，那么时间的表现方式必须具备一种的功能……如果生活毫无意义，时间一定是一台孤立、无情的机器，将所有人的计划和希望、所有的特性、人格变得乏味、平淡和毫无意义。"② "孤岛"人生即是如此，看不到希望和未来，原本亮丽的时尚之都遭遇残酷战争的强大冲击，因而，"孤岛"文人常用灰暗的笔调描述了一个现代性的反面乌托邦，一个

---

① 吴琛：《两年半来上海剧艺社》，《剧艺》1940 年第 1 期。

② ［英］迈克·克朗：《文化地理学》，杨淑华、宋慧敏译，南京大学出版社 2005 年版，第 51 页。

即将被战争和权力摧毁的异化世界，一处个人孤立而集体混乱的"伤城"，以此来表达内心的创伤记忆和失语焦虑。与此同时，宣传抗战的文艺期刊时断时续，只谈论理论的纯艺术期刊往往又曲高和寡，从而，战前流行的娱乐期刊又有了一定的市场，成为"孤岛"居民消解苦闷的精神慰藉。娱乐性的艺术期刊重获新生的原因，前文已论述过，这里不再赘述。

而那些创办娱乐艺术期刊的人，会使我们联想到张爱玲对笔下人物的描述，"极端病态和极端觉悟的人究竟不多。时代是这么沉重，不那么容易就大彻大悟。这些年来，人类到底也这么生活了下来。可见疯狂是疯狂，还是有分寸的。所以我的小说里，除了《金锁记》的曹七巧，全是些不彻底的人物。他们不是英雄，他们可是这时代的广大负荷者。因为他们虽然不彻底，但究竟是真的。他们没有悲壮，只有苍凉。悲壮是一种完成，而苍凉则是一种启示"①。张爱玲所说的"不彻底"也就是说这些人或许具有某种非常不充分的、有破绽的"本质"。关于张爱玲，柯灵曾经也有一段类似的经典评说，"我扳着指头算来算去，偌大的文坛，哪个阶段都安放不下一个张爱玲，上海沦陷，才给了她机会。日本侵略者和汪精卫政权把新文学传统一刀断了，只要不反对他们，有点文学艺术粉饰太平，求之不得，给他们什么，当然是毫不计较的。天高皇帝远，这就给张爱玲提供了大显身手的舞台"②。也许，在当时那个阶级话语左右文艺界的时代，张爱玲的迅速成名确实可以称得上是一个奇迹，而"孤岛"时期盛行一时的娱乐性艺术期刊，也正如同其小说一般对政治的完全隔离，只谈论娱乐生活和艺术消费。具有代表性的"孤岛"娱乐期刊，如表4.2所示。

---

① 张爱玲：《自己的文章》，京华出版社 2006 年版，第 210 页。
② 柯灵：《遥寄张爱玲》，载《倾城之恋》，中国文联出版公司 1986 年版。

表 4.2

期刊名称	发行状况	撰稿人员	主要内容	主要文章
《我的画报》	1939 年，半月刊。	不详	文艺刊物，该刊是综合了影舞戏剧文艺小品的刊物，旨在“使男女老幼读了都呈现出兴奋和积极的姿态”。	载文刊有文人百态，报道舞海闲谈，刊载影坛风云，介绍银坛拾零，例如《白杨与国语》等。
《上海日报画刊》	1939 年 5 月，停刊于 1939 年 6 月。半周刊，由上海日报社发行。	撰稿人有秋心山人、西平、黄鹄等。	属于娱乐类刊物。该刊主要刊载名伶照片，公布各类消息，报道国外娱乐新闻，刊登连载小说等作品。每期都刊登“孤岛杂咏”专版，感叹文化封锁现象。	曾刊有《略谈按摩》（1939 年第 1 期）、《出口税与进口税》（1939 年第 2 期）等文章。
《影星专集》	1941 年，停刊日期不详。月刊，大同图书杂志公司发行，大同编辑室编辑。	主要撰稿人有谷星、太公、奎章、张振华、吴鸣、许英、李萍、严华、实惠、刘坤言、醒谷、梅御、施星媛、蒋玩、姚野萍等。	该刊报道上海大小明星的罗曼史，分别编成“罗曼史特辑”上、下二集，专刊“周璇严华婚变专号”。该刊的性质为电影刊物，但多报道明星的花边消息、桃色新闻，挖掘明星八卦内幕，内容是否符合事实有待考证，该刊供广大市民茶余饭后消遣。	主要文章有《关于周璇的事》《金嗓子周璇成名详记》、奎章的《周璇自杀前因及后果》《严华的成名经过》《婚后琐闻》《周璇韩非之恋记详》《白云访周璇》《访问周璇录》《周璇年谱》《婚变中影星对于此事之意见》《前奏言：周璇与严华婚变》《“金嗓子”周璇、桃花太子严华结合经过》、严华的《我的自白：这真是一件意想不到的事》、梅御的《周璇严华纠纷解决：从盛传周璇给严华一万五千元为离婚条件说起》、凯壮的《贵为光华公司的老板娘顾兰君爱李英的缘由》《天赋予的多情种子：清算舒适的风流账前后制造罗曼史半打》《银幕上私底下的一对情侣：袁美云与王引的恋爱史》、刘坤言的《谁个少女不怀春：周曼华的三页罗曼史：孙敏、舒适、周菊生》《余光追求李红记》等。

期刊名称	发行状况	撰稿人员	主要内容	主要文章
《严华周璇婚变特刊》	1941年6月22日创刊,不定刊期。出至同年7月30日第7号后因严华周璇离婚而停止,共发行7期。由应人出版社出版。	该刊编辑不详,主要撰稿人有厨司、承达、局外人、白雪、大郎、鸣君、杜牧、正平、陈明、勇、小平、半解、氏、长城甘知、孔父等。	属于娱乐性刊物。该刊创刊的动机是:"能使双方重趋和好之途,然而事情往往会生出意外,这出悲剧的闭幕还是离婚。"该刊公开了严华、周璇离婚的经过及原因,刊登当事各方启事、广告及行为活动,采访当事人以及相关人员等,回顾了双方过去的生活,分析考察婚变事件的各种原因和当事人的态度。并刊有周璇所演唱的诸多歌曲和电影歌曲及流行歌曲歌谱。透过这些文章,我们能看到严华、周璇离婚的过程。该刊从大众的娱乐角度出发,因严华自曝婚变内情而受到众多关注,引起周璇歌迷们的极度关心。从该刊的创刊可以折射出民国娱乐报刊业的发达。	主要有《揭穿秘密,柳中浩利用周璇再拍电影》一文揭露柳中浩通过和"民华"公司合作,请费穆拍片,来排挤金星影业公司。该刊始终质疑"过房爷"柳中浩是此次婚变的策划人,在该刊的宣扬下严华受到舆论的同情,并多次接受该刊采访。该刊刊登孔父的《小型报舆论》对社会影响巨大。从其刊登的《明星离婚》《我来劝劝他们》《谈到第三者韩非》《周璇出走之谜》《严周事怎样解决》《周璇没落》《严华终于休妻》等文章。
《漫画月刊》	1941年,月刊。	不详	漫画刊物,该刊以漫画来映射现实社会,展示社会生活。载文以漫画、漫话为主,通常也刊载戏剧、诗歌、摄影等作品。	《漫画连载》《诗歌选登》《摄影图片》等。
《享乐图画月刊》	1941年,月刊。	不详	文化娱乐刊物,刊有大量有关社交活动文章,娱乐场所介绍,滑稽幽默小品和评述文章以及漫画等,也有格调不高的杂文。	《幽默小品》《舞女简介》《滑稽世界》等

除此之外,而其他像是《阿Q画传》《滑稽世界》《明星》《甜心》等娱乐期刊,同样在那样特殊的时代背景下,这些刊物能带给人们一点有限的娱乐,"含泪的笑",尽管有时不免流于低俗和无聊,但是从消解苦闷、慰藉心灵的角度上来讲,却也还是可以理解和容忍的。这些刊物中刊登的文章,大都包含谈情说爱和娱乐至上的思想内容,从而在某种程度上也可以说是构建出了一个新的公共空间,让深陷"孤岛"苦闷生活的老百姓们在这里享有了一种娱乐文化话语,

不仅逃避了日军占领者宣扬的所谓"大东亚"侵略文化，也缓解了"孤岛"上复杂诡异的政权争斗和混乱畸形的经济状况给他们带来的那种沉重心态和焦虑情绪。

第二节　隐晦表达：海派文化与期刊的生存智慧

在国家遭受战乱满目疮痍的时刻，在全国抗战文艺火热盛行的时代，"孤岛"艺术期刊的生存不仅只是面临着政治、经济的困境，还遭遇到了社会道德、传统伦理的非议。那些以娱乐享受与物质消费为创刊目标的"孤岛"杂志，显然被认为是站在了抗战文艺刊物的对立面位置，把自己摆在了社会主流和民族道义的不利地位。批判"孤岛"消遣杂志的人不在少数，他们认为通俗艺术在抗战时期的繁荣就宛如一朵异类的"恶之花"，应予以抨击和抵制。可是，没有处在那样一个环境之中的人，很难想象和体会得到"孤岛"期刊创办者的苦衷，当时"孤岛"上的知识分子就如同诗经中所写的那样："彼黍离离，彼稷之苗。行迈靡靡，中心摇摇。知我者，谓我心忧，不知我者，谓我何求。悠悠苍天，此何人哉！彼黍离离，彼稷之穗。行迈靡靡，中心如醉。知我者，谓我心忧，不知我者，谓我何求。悠悠苍天，此何人哉！彼黍离离，彼稷之实。行迈靡靡，中心如噎。知我者，谓我心忧，不知我者，谓我何求。悠悠苍天，此何人哉！"① 如此可见，"孤岛"艺术饱受争议和偏见的同时，也使得海派文化的生存出现了危机。可以说，"孤岛"艺术期刊在出版和发行上遭遇到的波折和困难与历史上其他任何一个地区相比较，都是有过之而无不及。然而，就是在这样的一个困境之中，"孤岛"艺术期刊的创办者凭借具有一定策略性的生存智慧，使得这些刊物发展壮大，保存并延续了海派文化的命脉与繁荣。

---

①　这首诗出自我国最早的诗歌总集《诗经》，《国风·王风·黍离》。

一 规避敏感话题的现实影射

在"孤岛"形成之初,爱国民间团体和个人纷纷加入了抗日救亡的浪潮之中,"孤岛"各类报刊均迫切发出了抗击敌人的呐喊声。尤其是一些艺术刊物,报道前线战事和抗战文艺,将反映世界反法西斯动态的消息翻译出来,向广大"孤岛"民众传播坚定的民族救亡思想。然而,大批艺术刊物因其反日主张太过明显,锋芒毕露招致了日本军方的注意,因此,迫于日军的压迫,租界当局也不得不明令禁止这些带有明显反日倾向的出版物。特别是到了1937年12月20日,日方联合租界当局全面围剿和清理了大批进步刊物,从而很多抗战报刊还未面世就被取缔了,这就使得宣传抗战文化的艺术刊物的生存问题凸显出来。

刚开始,"孤岛"进步人士在中共地下党的秘密领导组织下,利用"洋旗报"来开展抗日宣传活动,艺术期刊也开始借鉴于《每日译报》① 和《文汇报》② 那样的形式,高薪聘请或友情邀请外籍人士作为挂名主编或空头负责人,或者是找一些没有政治背景和社会地位的普通人来掩人耳目,这样就先后出现了诸如《上海艺术月刊》、丽莎女士主编的《西洋美术杂志》等这样的"洋旗刊物"。"洋旗"艺术刊物取得的初步胜利,虽说是租界当局无形保护之下的结果,但是

---

① 1938年1月21日,抗战《译报》又改名为《每日译报》出版。《译报》被迫停刊后,文委用高薪聘英商孙特司·裴土和拿门·鲍纳出面担任发行人,改出《每日译报》。《每日译报》仍是中共地下文委领导的报纸,设有一社论委员会,由恽逸群、杨潮、梅益、郑森禹、邵宗汉五人组成。编辑人员多数是中共党员。胡仲持、戴平万编国际版和本埠版新闻,梅益和林淡秋主持国内新闻。《每日译报》通过抗日群众组织,把发行网深入租界地区各里弄、工厂和学校。它宣传坚持抗战,坚持抗日民族统一战线,报道前线战况和敌后展开游击战的消息,大大增强了"孤岛"人民抗战必胜的信心。1939年5月18日,被租界当局强令停刊。这是"孤岛"上著名的"洋旗报"的开端。

② 1938年1月25日,《文汇报》创刊。由爱国人士严宝礼创办。为避免日方检查,以高薪雇用英国人克明担任发行人兼总主笔。2月20日左右,由徐铸成担任主笔。

它的潜在目的也是构成了一种"民群社会"①，即"在个体与国家的社会之间出现的，由政治群体之外的其他组织机构构成的实体。其目的是为了表达它们的利益要求和努力塑造国家政治文化——包括价值观、目标和决策实践的类型和发达的市民社会极有可能培育出折中的、革新的和富有生机的公共讨论，并减少国家对社会生活的干涉"②。

除了"洋旗"刊物，还有一些进步期刊实行的策略是把杂志中的某些涉及抗日倾向的文章，改写得文笔较为隐晦，或者就直接将行文中的某些敏感字眼或人名用其他一些字词代替，例如，编辑作者"把'敌方'改成'日方'，借以避免引起刺激"③ 等。"孤岛"艺术刊物不但经常在文章字眼或刊物主编上做点改动，刊物的主要作者也是时常改头换面，甚至略施小计。例如，有的左翼文人曾经发刊说明："前期曾预告王任叔先生将为本刊撰写《读书指导》，但顷据王先生来函，谓最近有事，不能执笔。我们现在设法另约别位先生担任，一经定夺，再行奉告。"④ 在后面一期回答读者时又说道："读书顾问已请定巴人先生主答，自本期起隔期发表"⑤，这种"王任叔"有事、"巴人先生主答"掩盖左翼身份的文字，在没有太多思虑的普通读者看来，着实很难读懂和理解。发展到后来，这样的"障眼法"似的修改已经不再奏效了，摆在"孤岛"艺术工作者和文化知识分子面前的最紧要的问题，就是如何继续创刊并生存下去。

1940 年 10 月，为了争取、团结广大大学生群众，中共江苏省委

---

① 此观点由学者罗宾·科恩（Robin Cohen）和保罗·肯尼迪（Paul M. Kennedy）首次提出。

② ［英］罗宾·科恩、保罗·肯尼迪：《全球社会学》，文军等译，社会科学文献出版社 2001 年版。

③ 参见白屋《一年来上海文化界的总检讨》，《译报周刊》第 12、13 期，1939 年 1 月 1 日。

④ 《读者·作者·编者》，载《译报周刊》第 5 期，1938 年 11 月 9 日。

⑤ 《读者·作者·编者》，载《译报周刊》第 6 期，1938 年 11 月 16 日。

学委决定由大学区委公开出版《海沫》半月刊，宣传党的政策和鼓舞"孤岛"青年的斗志。该刊由陈一鸣领导，由王涵钟、钟恕、陈余年编辑，为避免引起日伪当局注意，该刊以"灰色面貌"①出现。之后，1941年3月，上海"孤岛"局势日益恶化，中共上海的地下党委组织要求文化界的活动搞得更为"灰色一些"②，以便在日军完全占领租界后，能继续进行活动。为此，"文委决定将戏剧交谊社改为营业性的'戏剧产销合作社'，主要任务是生产和租赁戏剧器材，买卖各种服装、道具、布景、化妆品，油印剧本，派出导演等。这个新的合作社，由中共小剧场支部胡大中、黄振亚等人负责。太平洋战争爆发，日军进入租界，'小剧场'戏剧活动也随之结束"③。可见，这样的灰色办刊模式及艺术活动却也好景不长，到了"孤岛"后期，租界当局恐于日方的压力，对进步的艺术期刊严加审查，一大批"洋旗报刊"和其他爱国艺术期刊都被取缔发行，这些略带有抗战救亡字眼的期刊也就偃旗息鼓了。这时，大部分艺术期刊的生存策略都采取不涉实事，规避政治敏感话题，虽有所指涉，但也极其隐晦，于是，后来就出现了非常多的纯学理性的艺术期刊与注重娱乐的艺术刊物。例如《戏剧杂志》④的创刊，正像其《编者后记》所说的那样："戏剧杂志，和读者诸君见面了，那是要特别感谢于伶、杨英、顾梦鹤诸先生许多有力的指示。我们因为看到'孤岛'上戏剧的没落，所以想出这本小册子来做一个有力的先锋。我们开始预订的计划，想只谈话剧，不说旁的，但后来经过几次的考虑，总觉得在稿件上，消息上以及各方面都不允许，于是我们就决定改变方针，以话剧为主，电影

---

① 中共上海市委党史资料征集委员会、中共上海市委党史研究室、中共上海市委宣传部党史资料征集委员会合编：《上海革命文化大事记（1937.7—1949.5）》，上海翻译出版公司1991年版，第108页。

② 同上书，第116页。

③ 同上书，第108页。

④ 《戏剧杂志》1938年刊，戏剧杂志出版社出版，1940年9月10日停刊，1941年9月20日复刊，续出第3期终刊。

京戏以及其他一切只要是戏我们都得谈。我们以后的计划，将每一期提出一种戏，请熟悉这一种戏的人来告诉读者，关于这一种戏的沿革，以及其他一切的问题，我们更希望读者看了后再有补充或指责出来，哪一点不对，我们应当怎么去改革它，使它成为有价值的，合理的戏剧，这是我们的责任，也是爱护本刊各位读者的责任。"① 这是一类以探讨艺术理论为主的刊物，编者"改变方针，以话剧为主，电影京戏以及其他一切只要是戏都得谈"② 的做法，显然是为了不涉战争实事，规避政治敏感话题而做出的努力。当然，这样更像是其他一类作为市民娱乐消遣的刊物，但其中也隐含了创办发行者关于民族立场的曲折与隐喻表达。

二　战时民族立场的隐喻表达

在战乱年代，那样困窘的形势下，不及国土千万分之一面积的"孤岛"却产生了一百多种艺术期刊，这于近现代出版史上来讲，实为异数，"孤岛"艺术期刊其中所蕴含的关于战时民族立场的表达方式值得人们的关注。

从"孤岛"时期的很多艺术期刊及电影杂志上可以看到，当时刊登了诸如《葛嫩娘》《精忠报国》《忠义千秋》《西施》等的新片预告，还有类似《中国电影与历史环境的关系》《特殊的电影》及对《贡格庭》③ 发表的文章社论中，这些都可以管窥出 20 世纪 30 年代的上海正陷于一个动荡不安的局面，当时的电影业正处于水深火热之中，而古装片的大量繁荣恰恰是在这样一个残酷时期的特殊产物，因为当时的"中国电影界受到外界的压迫与威胁是非常重大的，制作者

---

① 《编者后记》，《戏剧杂志》1938 年刊。

② 同上。

③ 宣良在《每日情报》中写道：上海南京大戏院上映的《贡格庭》是一部讲述一个印度人协助英国人消灭印度人的电影，"此片在客观效果上，等于鼓励人去做叛徒，鼓励民众去出卖他祖国的民族生存"。出自《新华画报》，第 4 卷第 5 期，1939 年 5 月。

不能明显的运用'救亡'的题材"①，因而，"在敌人处心积虑向中国
电影事业进攻的时候，在客观环境限制这样严密的现在……采取摄制
古装片这一途径并不是逃避现实，而是加强电影这'武器'的新战
略"②。但与此同时，摄制历史片"并不是把历史上或民间的古色古
香和可歌可泣的故事，依样画葫芦地搬上银幕就了事，而是应该通过
理解剧作者的正确的观点，从古人身上灌输以配合这大时代的新生
命；换一句话说，只要在并不十分违背史实记载的原则下，把有意义
的部分加以强调，没有意义的部分尽量削减，甚至全部扬弃"③。所
以，像《木兰从军》《费贞娥刺虎》这样严肃认真的古装片，不仅能
显示出极强的民族主义立场，更是创作者们爱国意识的曲折表达④。

同样以电影期刊拿来作为例子，"孤岛"时期的上海共出版发行
70余种。关于民族立场的表达方式，可以分成以下两类，如表4.3
所示。

表4.3

第一类	《国光影坛》（1937）、《南海银星》（1938）、《亚洲影讯》（1938）、《好莱坞》（1938）、《电影艺术》（1941）等近十种。	这类刊物主要是由一些专门放映欧美影片的大影院主办，出于经营和办刊宗旨的考虑，它们一般不直接宣传抗日，但在介绍欧美影片、报道欧美动态时，有时也会突出和强调与中国抗日间接相关的事件，如好莱坞影星参军、义演、劳军、反抗法西斯侵略等。而对上海禁演的一些反法西斯影片如卓别林的《大独裁者》，则故意大肆宣扬。可以说这类刊物走的是规避当下现实的路子，用心亦颇良苦。
第二类	《银花集》（1938）、《明星》（1938）、《电影新闻》（1939）、《银影》（1939）、《银銮殿》（1941）等	或专登电影歌曲，或侧重明星趣闻逸事、婚恋生活，或披露险恶环境中电影人的苦绝与挣扎。在那样特定的时代背景下，这些刊物能带给人们一点有限的娱乐，含泪的笑，尽管有时不免流于低俗和无聊，但从精神慰藉、化解苦闷的角度讲，也还是可以容忍和理解的。

① 参见《新华画报》第4卷第4期，1939年4月。
② 参见《新华画报》第4卷第3期，1939年3月。
③ 同上。
④ 游溪：《管窥〈新华画报〉中的孤岛电影与理论表达》，《美与时代》2014年第6期。

可见，虽然"孤岛"时期的大部分艺术刊物选择遮蔽掉了抗战救亡的政治话语，但与此同时，却也还能在险恶的环境中，兼顾当时的民族主义话语，将个人的现实困境寄语于家国的叙事中，表达个人在面临时代动荡和社会变迁的困惑和焦虑。

正如表4.3所显示的那样，除了刊登爱国抗敌的历史题材影片，大多数艺术期刊并不直接宣传抗日的思想和意识，但其所体现出来的民族立场时常表现在介绍欧美影片及明星动态上。它在报道欧美影坛动态时，有时也会突出和强调与中国抗日间接相关的事件，例如好莱坞影星参军、义演、募捐、反抗法西斯侵略等。多数艺术画报当中经常提到的英籍明星埃洛尔·弗林、李却葛林、维多·麦克劳伦、卡莱加仑、卡洛夫等人，"自从英德作战以来，对祖国的一切，都念念不忘，只要对于祖国有利的事，他们无不竭尽全力的"[1]，尤其是李却葛林，为了祖国安危，毅然抛弃每周数千元之待遇，返英参战。而对上海禁演的一些反法西斯影片如卓别林的《大独裁者》，则故意大肆宣扬和推介。还有对德国实行文化侵略政策的暗讽："德军进攻丹麦、捷克等，发出一道命令，着全城所有的影戏院，一律开映德国出产的影片，以示庆祝……各影戏院老板那时都十分慌张，德国制片商却笑嘻嘻地出现了……丹麦青年男女最热恋的好莱坞明星从此和他们诀别，眼睛里换了一群不甚欢迎的陌生面孔。"[2] 以介绍国外影业为名，行讽刺暗指国内境况之实，可以说，"孤岛"艺术期刊此举走的是隐喻表达抗战救亡思想的路线，亦可谓用心良苦。期刊画报还时常登出好莱坞的明星新闻，选取埃洛尔·弗林、李却葛林、秀兰·邓波儿、查理·卓别林等人的爱国事迹或演艺动态作为主要介绍，为当时的上海市民传递了一种榜样偶像式的正能量。专栏作家杨德惠就认为，国内明星与好莱坞明星的差距就在于专业学识和人文素养上，并提出："（有的）明星，根本无电影的学识，是否值得狂捧……这种的以貌

---

① 参见《新华画报》第5卷第9期，1940年9月。

② 同上。

取才的手段，会影响到影业前途的发展。……固然，体貌的选择，也很要紧，然而也不可忽视其影艺的学识上。在今日之下，上海影业人才的培养，是很急要的。"①

通过"孤岛"艺术期刊这个窗口，我们能够看到，1937 年抗日战争爆发前后，上海大批出版公司、电影公司纷纷停顿歇业，除了借古喻今的古装片、民间故事片能够风靡开来，其他题材的电影创作则呈现出一片凋零局面。还有一部分上海艺术工作者人留在上海坚守阵地，在黑暗中苦苦摸索寻求中国艺术之出路。有许多仁人志士和艺术创作者呼吁："希望上海艺术界在苦闷的环境中，（能尽量）向高尚的途径走去，切勿习于下流"②，从而确保上海的艺术界不至于出卖心灵。与此同时，也有许多电影界人士因为看到了昆明、西藏等地群众对于国产片的渴望③，所以更加强调历史题材电影的民族意识，并且通过对国外影坛影事的引介，来间接隐喻或有所指涉，从而启示和激发起"孤岛"居民大众的爱国情怀。④

第三节　曲折发展：海派文化的救赎与拓展之路

纵观海派文化的曲折发展历史，从萌芽生发，到逐步发展，再到成熟辉煌，都是披着异于京派传统文化的可见外衣，展现出以"救赎"与"拓展"为核心内容的文化姿态。上海自 1843 年开埠以后，逐渐发展成一个现代化大都市，在对外开放的过程中，在外来人口的

---

① 参见《新华画报》第 5 卷第 5 期，1940 年 5 月。

② 参见《新华画报》第 5 卷第 7 期，1940 年 7 月。

③ 宣良在《每日情报》中写道："被英国所占的西藏影业对于国产片却热烈欢迎，那部《渔光曲》曾到过拉萨，使西藏从来未见过国片的观众，如发现新大陆的狂欢……连续上演了三个月，观众始终拥挤不堪，'看中国片去！'，'看中国片去！'成为西藏民众们娱乐的口号……西藏的同胞，渴望着祖国的影片给予他们精神上的安慰！"出自《新华画报》1940 年第 5 卷第 12 期。

④ 游溪：《管窥〈新华画报〉中的孤岛电影与理论表达》，《美与时代》2014 年第 6 期。

进入中，在海纳百川的多元文化并存中，逐渐形成了具有独特内涵的上海文化，因而海派文化也就成为上海文化中最核心的内容。

一　"京海之争"背景下的海派艺术特征与发展之路

从 20 世纪 30 年代的"京海之争"开始，"海派"就一直被视为是"名士才情"与"商业竞卖"相结合的产物，并引申为描述一些人"投机取巧""夸夸其谈""狭隘计较""见风使舵""小市民"等恶劣品质，因而，"海派"一时成了贬义词。从 1938 年第 3 期的《立言画刊》上的两篇文章《京朝派与海派：由贾福棠口中听到的打金砖》与《谈〈猴剧〉风》中可以看到，两篇文章分别都以京剧、沪剧之《齐天大圣》为案例，引发出了京派海派之争，《京朝派与海派：由贾福棠口中听到的打金砖》认为："京朝派自有其光荣历史，而非海派之邪异可能泯灭，邪魔歪道"①；而另一篇文章《谈〈猴剧〉风》也褒京派、贬海派："'北派'之猴剧，首推杨月楼，以其'姿式'、'态度'、'音韵'无往不似活猴，沪之猴剧，张翼鹏，滑稽开打，其身手口眼，无一处不与锣鼓相映成辉，最是令人捧腹之处，即在'一起'或'一落'之时，学出种种奇形怪样，使人每念不忘，盖猴性最灵，专喜他人之一举一动，然以五官四肢，各个不同，拘拘泥泥大类婢学夫人，不禁哑然失笑，可惜各种身段，过于柔媚，沪人讥之为雌猴。"② 这种争论实际上就是"京海"两地文化价值观的一种差别对待，传统京派沿袭着长久以来古代士大夫文人那种"以天下为己任""先天下之忧而忧，后天下之乐而乐"的官位价值观，把对国家政治和正统文化的关注作为文化的重心，因而可以说是个人的价值并不具有独立的特性，它是体现在对于国家民族的利益的依附之上的；而海派却恰恰相反，它从诞生之日起，就已很明显地带有了现代性文化的烙印，并且随着时间的发展，海派艺术越来越认同和重视个

---

① 《京朝派与海派：由贾福棠口中听到的打金砖》，《立言画刊》1938 年第 3 期。

② 《谈〈猴剧〉风》，《立言画刊》1938 年第 3 期。

人价值的存在,这在当时无疑是更为符合时代的发展需要。

所以,到了 30 年代后期,京派在与海派的比较中,开始逐渐步入"没落时期"①,而通过对于"京海之争"的回溯研究中,以及对相关海派艺术、海派文化的研究中,逐渐为"海派"正名,剔除了"京海之争"过程之中的偏激狭隘和意气用事,发掘出海派文化所具有的正面特征和价值,拓展出了海派文化研究的新的风貌与境界。尤其是在"孤岛"特殊的时代语境下,对海派文化的研究更是显示出为其正名的特点。例如,当时"孤岛"艺术期刊上发表的文章,《海派与京派产生的背景》②《海上有关戏剧的一切》③《海派之弱点》④《京派海派》⑤、《京派与海派》⑥ 等,大多是说明"京派是传统文化的正宗,海派是对传统文化的标新,是中西文化结合的产物"⑦,这都是深中肯綮的。据此,海戏曲在戏剧改良的传统背景下,更新了旧的戏剧观念,对西方戏剧模式取长补短,并在西方歌舞剧的影响下来设置舞台,采用连台本戏、模拟现实、影像还原、声光化电、机关布景等特殊技法和机械手段。更加注重市民的世俗趣味和现实生活,充满了市井味道与市场色彩,显示出了海派戏剧戏曲的独特性。

当然,除了海派戏曲之外,海派文化的内涵丰富,连海派书画、海派文学、海派电影一起包括在内的海派艺术,共同构建了海派文化的独特内涵,奠定了海派文化的繁荣发展的传统基础。海派文化与我国其他区域的文化有很大的不同,我国许多其他区域的文化都具有一定的鲜明特色和积淀深厚的区域闭合性,例如蜀文化和楚文化等。但

---

① 《国剧评坛:京剧已渐步入没落时期》:"受海派戏之影响,海上演新戏以赚钱为主要目的,京剧人才缺乏已趋尚舍本求末",参见《立言画刊》1938 年第 8 期。

② 《海派与京派产生的背景》,《鲁迅风》1939 年第 16 期。

③ 《海上有关戏剧的一切》,《戏迷传》1939 年 2 月第 4 期。

④ 《海派之弱点》,《艺海周刊》1940 年第 19 期。

⑤ 《京派海派》,《立言画刊》1940 年第 91 期。

⑥ 《京派与海派》,《中国艺坛画报》1939 年第 35—36 期。

⑦ 陈旭麓:《说"海派"》,转引自马逢洋编《上海:记忆与想象》,文汇出版社 1996 年版,第 166 页。

是海派文化是在一个面朝大海的冲积平原上发展起来的，历史相对不长，对外来事物的接受和融合能力较强，所以海派文化更多的是一种海纳百川形成的多元文化。从形成于鸦片战争之后的海派绘画来看，上海开埠以来，以吴昌硕、任伯年、赵之谦、黄宾虹、虚谷等人为代表的海派画家，他们一方面继承了中国画派的深厚传统，另一方面又受到了西方绘画技巧的较大影响，所以他们的美术作品都具有中西结合、推陈出新的特点：用色大胆而丰富、对世俗市井生活的写实、颜料与墨色交融的人物花鸟画、注重素描技法的运用、考察景深透视法的科学绘画，因而也就形成雅俗并重的审美风格。而以刘呐鸥、穆时英、鸳鸯蝴蝶派作家为代表的海派文人，在西方小说文体的影响下，采用现代派的写作手法和技巧，以反映都市人在漂泊无定的生活状态与复杂心态为主要写作内容，具有鲜明的都市文化现代型风格，这就开启了新感觉派小说写作和海派文学现代性的一扇大门。而作为中国电影史的摇篮——海派电影最早的发生也与西方电影的发展几乎是同步的，《乌鸦与麻雀》《神女》《马路天使》《十字街头》《孔夫子》等更具有影响力的经典作品，充满了都市世俗色彩和生活审美情趣，无一不体现了上海作为大都市的现代性文化特征。

　　海派文化在欧风美雨的浸淫下，长时间受到外来文化的滋养，于是也就逐渐形成了其独有的形态与内涵。从当时的期刊报纸上来看，原来闭关锁国的旧中国如同一摊死水，当西方的外来文化进入这样一个落后的社会形态之中后，海派文化的兼收并蓄与海纳百川的特质显示出了强大的生命力。当时的报刊不遗余力地把西方物质文明和思想传播到上海，这也就构成了海派文化的现代性与先锋性，在域外经验与本土实践的水乳交融中，海派文化走上了兼容并蓄、博采众长、求新求变的发展之路。多元化的期刊报纸类型折射出海派文化的雅俗共赏性，海派艺术较之于其他地方的文化艺术，它更加关注世俗、市井和日常生活，极具人文气息。无论是对文化精英，还是对市井平民，只要是生存在大都市下的个体，海派文化都显示出极强的宽容和接纳。正是因为海派文化具有平等自由、海纳百川的特性，所以其在商业性、消费性特征明显的上海市民社会中，才能够得以迅速发展壮大。所以说，"孤岛" 之前的 20 世纪 30 年代爆发的所谓京派与海派之争，其实质上也就是两种价值观和生活方式的争论，海派文化的重商、开放、多元等主要特性，也是上海及其周边地区的都市文化及其人的思想观念与行为方式，这种文化及思想本身并无什么优劣之分，它始终都是推动上海都市现代性发展的最强有力的动力元素，因而在"京海之争" 后，不仅海派文化得到了更快的发展，而且关于海派文化的正面评价也开始勃兴，但是，每一种文化艺术的发展都不是一帆风顺的，在进入 "孤岛" 之后，海派文化又一次经历了曲折发展。

二　从 "孤岛" 艺术期刊管窥海派文化的救赎与拓展

20 个世纪三四十年代是海派文化艺术的鼎盛发展时期，但却也在 "孤岛" 特殊的时代和文化语境中，遭遇到了一定程度的冲击和影响。于是，倍感焦虑的 "孤岛" 精英知识分子一直不断地在思考着：一种文化它生存的理由是什么，这个文化艺术存在的价值是什么，这个文化在我们的社会里有着怎样的主体性等这样几个问题。正如画家胡金人在《从文艺茶会归来》上说道："上海真是太苦闷了，每天呼吸着恶浊的空气，对我们腐蚀，上海的艺人精神涣散"[1]，因而，黄觉寺和胡金人主张建议在 "孤岛" 时期常常举办座谈会，使上海的艺术空气变得重新浓厚起来。至此，海派文化也开始走向了一条救赎与拓展之路。尤其是海派文化利用艺术期刊这个媒介，积极营造 "孤岛不孤" 的抗日氛围，利用租界这个 "政治真空" 的裂隙，在 "华洋杂处" 的环境智慧求生，与上海文化整体的平民色彩相连。因而，救赎与拓展，又何尝不是 "孤岛" 时期上海文化工作者自己的选择？

首先，透过艺术期刊上刊登的相关艺术理论和思想，可以发现当时的海派艺术，即使在诡异莫测的 "孤岛" 环境中，也是在继承传统的基础之上，结合政治语境，进行大胆创新与变革。例如，"孤

---

① 胡金人：《从文艺茶会归来》，《上海艺术月刊》1941 年第 2 期。

岛" 戏剧名刊《小剧场》半月刊, 自 1940 年 10 月至 1941 年 3 月共出版六期, 杂志为小三十二开本, 每期三十二页, 是一个值得重视的孤岛时期话剧杂志。它每期几乎都有一个专题座谈会, 论历史剧、论怎样突破演技的停滞、论业余剧团的组织问题、探讨话剧的方言剧问题等, 反映了孤岛剧运对理论的重视。杂志虽以评论为主, 但并重创作, 每期发表一个短剧, 并醒目地标于丛刊的封面上。其中一期发表过署名亦人的《未雨绸缪》一文, 文中说: "万一太平洋战争爆发, 孤岛上可能有超过'八一三'的剧烈的变动, 那时演剧工作也许会遭遇比现在更多更大的磨难"①, "我们可能作怎样的准备呢? 第一, 必须加强自我教育, 尤其是政治的认识。有些人认为现阶段的演剧已可发展到艺术的推敲, 搬演些轻逸的剧作, 这未免太偏颇, 即使能在今日造就一二个心爱的'艺术骄子', 在混乱的局面下, 如因认识不清, 动摇妥协, 为敌前驱, 一番心血不是等于白费?"② "第二, 既要坚持抗战内容, 但形式得婉转俗迴, 更艺术化、形象化。该注意的是, 前者避免流于恶俗的商业化, 而后者切忌钻入象牙塔去"③。"第三, 如局面发展对演剧完全发生阻碍, 那么我们的策略必定是: 甲、尽可能地撤退, 撤退到有人民武装的自由土地上去, 执行新民主主义的民族革命的戏剧运动。乙、不可能撤退的, 则发动剧人在精神上的团结 (无组织形式的), 彼此互相督促勉励, 并依情形的决定, 或产生戏剧研究的小组座谈。丙、参加地方戏的剧团, 改良地方戏"④。

其次, 无论是电影、戏剧、戏曲, 还是音乐、美术, "孤岛" 时期的海派文化艺术始终还是把观众放在首位的, 特别是各种各样的 "孤岛" 艺术期刊, 其绝大多数刊物都是以 "读者至上" 为创办宗旨

---

① 亦人:《未雨绸缪》,《小剧场》半月刊 1941 年 3 月 30 日。

② 同上。

③ 同上。

④ 同上。

的。就拿一向以理论引介为主要创刊目的的《上海画报》①来说，也考虑到读者在苦闷环境中有精神消遣的娱乐需求，而添加进许多关于"孤岛"娱乐消费的内容。该刊提倡正当的娱乐报道，主要介绍上海"孤岛"的各种畸形娱乐事业，包括影、戏、弹、舞、歌、茶等，同时也刊登了一些新闻动态。所刊文章有《对评剧妄言改良者有感而发》《中国剧浅说》《梨香馆主谈剧》《考京戏之由来》《对于影片公司要说的几句话》《关于风波亭之我见》等有关电影与戏剧的内容。同时该刊大量的娱乐性文章都围绕着舞女展开，发表《舞女与理发》《舞女转变三部曲》《谈谈孤岛以外的舞圈》等有关舞女的文章，除此之外，也载有《谈谈女弹词家沈毓英》《梅兰芳小传》《程砚秋之汉明妃》《张善坤先生载誉归来》等名人传记及评价，并载有滑稽侦探长篇《福尔摩斯探案》。该刊的创刊是希望在上海畸形娱乐发展的时代，能够为高尚的娱乐尽一份力，内容广泛，不仅将"孤岛"的娱乐事业集合起来加以透视，而且也涉及许多"孤岛"以外的娱乐。1940年9月，华光剧专为提倡戏剧大众化、通俗化，进行方言剧的尝试，增设"方言剧"一课，聘请倪海曙主持训练方言的标准发音，同时增聘陈歌辛、陈刚、李一（李之华）、于由（毛羽）任教。11月，该校排练演出了龚家宝导演的上海方言剧《黄昏》，引发各报刊的热烈讨论，掀起了一场有关方言剧的论战。孔另境在《中美日报》副刊《堡垒》撰写《对于方言剧的认识》《论方言剧与戏剧大众化及国语统一运动》的文章，对戏剧如何更好地为大众服务，提出了自己的看法。②

---

① 《上海画报》于1938年11月27日在上海创刊，半月刊，1939年2月停刊，现代出版社出版。属于娱乐性画刊。该刊由叶灵主编，徐端良发行，顾亚凯、张古愚、朱雨民、宋超、叶逸芳编辑，陈明勋为图画编辑。主要撰稿人有唐镜溥、春光、周郎、苏少卿、杜鳌、朱一萍、赛孟尝、徐进之、赛飞、陈耀庭等，其中徐进之为驻港特约撰述。主要栏目有平局种种、香岛舞星、舞国佳人、戏、歌、特写等。

② 中共上海市委党史资料征集委员会、中共上海市委党史研究室、中共上海市委宣传部党史资料征集委员会合编：《上海革命文化大事记（1937.7—1949.5）》，上海翻译出版公司1991年版，第108页。

　　除了具有因循传统、大胆革新、读者（观众）至上的重要文化特征，海派艺术一直以来都非常尊重艺术创作的客观规律，这在"孤岛"艺术期刊上多有体现。1939 年 5 月 20 日，《剧场艺术》第 7 期发表夏衍从香港写给于伶的信——《论此时此地的剧运》，提出"过重地依赖剧本而轻演出、演技的传统是阻碍中国话剧进步的最主要因素"①。还有如一向以刊登娱乐消遣内容为主的《金城画刊》，也时常刊登一些关于艺术理论的文章，强调艺术创作要遵循艺术自身的客观规律。其中有一篇文章在论及电影创作问题时，就非常重视编剧理论的重要性。作者认为："把一个故事生吞活剥或不加设置就去拍摄电影，已成为过去的，可笑的，幼稚的行动。在今日，电影剧本在电影艺术的领域中，已占着重要而独立的地位。有优良内容的剧本才会产生有价值的电影……"② 接着作者又从"剧旨和意识、情节、故事（顺叙、倒叙、杂叙）、题材"③ 等方面入手，来着重探讨编剧创作的一般艺术规律（见图 4.4）。

图 4.4

---

①　夏衍：《论此时此地的剧运》，《剧场艺术》1939 年 5 月 20 日第 7 期。

②　参见《金城月刊》1939 年第 11 期。

③　同上。

　　可见，以艺术期刊为代表的"孤岛"时期海派文化，依旧折射着一以贯之的现代性、开放性和商业性，从最初的衰落消隐走向了最后的自觉振兴。因而，我们也能够深刻理解到当时的文化艺术工作者、知识分子在海派艺术、海派文化和人生境界上的追寻与守望。更难能可贵的是，在危险艰难的"地狱天堂"生活之中，有志之士用艺术期刊作为呼号呐喊的阵地，这无疑是最嘹亮的"空谷足音"，是黑暗王国里最耀眼的一线光明。

结语

对于"孤岛"艺术期刊的总体评价

历史学专家钱穆老先生曾经说过，历史有其"特殊性""变异性"与"传统性"① 三个特征，他认为："研究历史首先要注意的便是其'特殊性'。我们以往的传统，与其他民族有变有异，有自己的特殊性。没有特殊性，就不成历史。如果世界上一切国家民族，都没有其相互间的个别特殊性，只是混同一色，那就只需要，亦只可能，有一部人类史、世界史便概括尽了。其次，历史必然有其'变异性'。历史常在变动中进展。没有变，不成为历史。我们读小说，常见说：'有事话长，无事话短。'所谓有事即是有变，无变就不见有事。年年月月，大家都是千篇一律过日子，没有什么变动，此等日常人生便写不进历史。历史之必具变异性，正如其必具特殊性。我们再把此二者，即'特殊性'和'变异性'加在一起，就成为历史之'传统性'。"② 1937 年至 1941 年的"孤岛"，作为中国近现代史上一个极具特殊性和变异性的历史时期，对于它的研究则就显得非常有价值。

一 对"孤岛"艺术期刊价值与地位的分析

"孤岛"时期艺术刊物的繁荣，是近现代中国期刊发展史上一个颇具特色和意味的文化现象。它既是在近现代中国最为繁荣的商业经济及文化艺术之都诞生的，同时，它也是在当时特殊的战争历史时期

---

① 钱穆：《中国历史研究法》，九州出版社 2012 年版，第 122 页。
② 同上书，第 122—130 页。

下产生的。"孤岛"复杂权力斗争下的政治语境以及社会畸形繁荣下的经济背景，共同催生出了独特的艺术期刊生发环境；而成长于"孤岛"的艺术期刊又在一定程度上受到了极具现代性、商业性、开放性的海派文化的影响。因而，它身上兼具"孤岛"气候与海派气质两种风格。

战争时期，留守在上海"孤岛"的文人和艺术家，他们的心态从"滩"变成"岛"，创作活动也和战前有了很大的不同。而他们所从事的艺术期刊事业，也有别于传统的大的报刊形式和内容，以或学术、或隐晦、或日常、或愤慨激昂、或嬉笑怒骂的文体来适应"孤岛"市民大众的审美阅读趣味，迎合海派市民文化的欣赏品位。"孤岛"艺术期刊的创办者在抗日战争的社会生存实践中，从传统的士大夫的自矜姿态转向了追逐民族立场、现实生活和学术理想的道路，以特殊的生存策略构建了一个有别于其他各地抗战主流文化的海派文化的"公共空间"①。这一公共空间的建构，不仅从一方面阐释了"孤岛"市民日常生活多元自由化的价值观念；另一方面也在不经意地、潜移默化地促进了"孤岛"市民文化现代性的转变。

站在历史的维度上来看，任何一种文化的生长和发展都有一定的合理性和必然性。特别是在近现代的上海，这一文化多元化的东方大都会中，艺术期刊有着广阔的生存空间和广泛的读者群体。而除了具有政治宣传和学术启蒙的刊物外，其中的娱乐型艺术期刊市场在当时也颇为可观，它所提供的消遣娱乐作为"孤岛"苦难民众的一种正常的精神生活，也有其存在的合理性。娱乐性艺术期刊给人们所带来的精神消遣，既被马克思称为"享乐的合理性"②的满足，也被赫勒称为是"满足我们日常生活中生理和精神状态的肯定感情"③。也许正如他们信奉黑格尔说的一样："如果艺术的目的被狭窄化为教益，

---

① ［英］马修·卡莫纳等著：《公共空间与城市空间》，马航等译，中国建筑工业出版社 2015 年版。

② 《马克思恩格斯全集》第 2 卷，人民出版社 1965 年版，第 166 页。

③ ［匈］阿格妮丝·赫勒：《日常生活》，衣俊卿译，重庆出版社 1990 年版，第 272 页。

审美感受中所说的快感、娱乐、消遣被看成本身无关紧要的东西了，就要附庸于教益……这就等于说，艺术没有自己的定性，也没有自己的目的，只作为一种手段而服务于另外一种东西，而它的概念也就要在这另一种东西里去找。"① 可以说，"孤岛"艺术期刊的存在具有历史空间的正当性与合理性。如何来评价这一时期的文化现象，则需要还原历史语境，辩证地去看待和分析。

一方面，从进步的正面意义来看，大部分"孤岛"艺术期刊都配合了抗战工作，对抗日救亡的思想宣传起到了推动作用；还有很多艺术理论性刊物，促进了"孤岛"民众的现代性文化启蒙教育，培养了市民阅读的文化习惯；其他一些娱乐型艺术刊物，则丰富了战时百姓的文化精神生活，排解了内心的苦闷。"孤岛"艺术期刊总体上是一个独立于社会主流意识形态之外的公共领域，因为租界的庇护，这种市民文化公共空间的构建，使得传看编辑及市民文人可以自由地发表自己的议论、感想和看法，这对当时的大报、大杂志、著名刊物发展也起到了一定的示范和启发作用。

另一方面，从负面的角度来看，有些艺术期刊，打着宣扬艺术娱乐的旗号，却往往为了迎合市民读者的低级审美趣味，刊登了大量娱乐、色情、奢靡、享乐等物质消费内容，没有很好地承担起一个大众媒介应承担的批判、指引和监督的责任。就如同某些传播八卦新闻的娱乐刊物，为了标新立异、吸引读者、扩大销售，往往通过对电影明星的私生活进行过度消费和炒作，制造出各种各样的花边新闻来刺激市民的感性欲望，从而攫取商业利润，这不得不说是当时一些艺术刊物的某种畸形发展。

因为"社会是一个过程。它绝非是静态的。甚至它最明显稳定的结构也是在各种动态力量间的一种平衡的表现。对社会史学家而言，最具挑战性的人物就是重构那种过程，同时辨识在社会组织中、在社会关系中与在文化意义和价值体系中发生的长期变化，而人们的社会

---

① 黑格尔：《美学》第一卷，朱光潜译，商务印书馆 1979 年版，第 66 页。

关系是由这些文化意义和价值体系执导的"①。可以说，"文变染乎世情，兴废系乎时序"。一个时代有一个时代的文学理论和文学思潮，一个时代也有一个时代的艺术作品与艺术表达。② 因此，对于"孤岛"时期艺术期刊客观的评判，使我们能够对其 20 世纪在战争中的上海期刊的发展历程有一个更为真实的了解，它在建构上海市民日常生活空间、市民海派文化公共空间以及促进市民文化意识现代性等方面都做出了一定的历史贡献。我们不能因为艺术期刊有过不积极抗日的历史一面而去全盘否定它，而应给予它合乎历史的、真实的、客观的评价和相应的文化地位。

总体来讲，"孤岛"时期的艺术期刊与海派文化就像画家黄觉寺所说的那样，"在艺术的基地上培养'人'的艺术，如果像德国艺术家希特勒所发表的'政治有干预艺术之权'的那些话说起来，那么，艺术的何往何去，不是艺术家自己可以决定的。神权时代的美术，已经过去了；接着以后的，献媚，装饰，自娱，一些花花绿绿或是奇巧怪异的；或者也不是这时代所需要了。我们要在艺术的基地上培育着'人'的艺术；发挥'人的意义'；同时反映着这个时代的特性"③。从而，"孤岛"艺术期刊无论是具有宣传抗日救亡的政治功用，还是提供娱乐消遣的慰藉作用，它们都在用自己独特的方式记载并反映着特殊年代的历史人文风貌，在现代艺术史上留下了不可磨灭的印迹。

二 "孤岛"艺术期刊对中国艺术史的构建

钱穆先生认为："诸位研究历史，首当注意'变'。其实历史本身就是一个'变'，治史所以'明变'。简言之，这一时期的历史和前一时期不同，其前后之相异处即是变。因此乃有所谓'历史时

---

① Keith Wrightson, *English Society* 1580—1680, Hutchinson, 1982, p. 12.
② 游溪：《管窥〈新华画报〉中的孤岛电影与理论表达》，《美与时代》2014 年第 6 期。
③ 《美术界往哪去》，《美术界》第 1 卷第 1 号，1938 年 1 月。

代'。历史时代之划分,即划分在其变上。如果没有变,便无时代可分。我们当知,并非先有了各个时代,才有这各个时代的历史。乃是先有了这一段历史,才照此历史来划分为各时代。时代只是历史的影子,乃由历史中照映出时代。"① 因而,"要想搞清楚个人的生活历史或一种特殊的生活方式所具有的个别总体性,就必须回到参与者的视角上来,放弃合理重建的意图,而直接从历史的角度展开分析"②。"孤岛"的动荡却带来了艺术期刊的特殊繁荣,不仅在中国期刊史上大放异彩,还参与了对中国艺术史的构建。

首先,从电影期刊来看。"孤岛"时期的电影刊物在整个民国时期电影刊物中占有极大的比重,每一本电影期刊都保留了"孤岛"时期影坛的大量史料,铭刻着特殊年间上海这座城市的时代印记。如果说电影是活的历史文化资料的话,那么,作为影像延伸媒介的电影画报,就是与社会历史构建起文化机理的反射镜与透视窗。例如,1940 年创刊,在上海出版的《影迷世界》(*The Movie News*)③,其主要栏目有影迷世界、影星群像、影星文墨、银色小品、影迷的话、路伦电、影坛漫笔等。该刊报道影人近事,刊登电影歌曲和剧照,所刊载的文章有《李丽华随笔》《胡蓉蓉隐退银坛记》《访中国卡通之母:万籁鸣畅谈生平事》《谈南洋影迷欣赏影片水准》等,《影迷世界》作为近代电影刊物,是了解相关影视信息的资料之一。同样是 1940 年创刊的《影迷周报》在《创刊小言》中就明确表示:"电影刊物,在今日不能说少,但是,真能以精彩内容,为电影读者服务的,实不敢说多。无可否认,电影事业,在今日是发达的,但是,有谁敢说,电影制片方针,在今日是上进的,不落伍的。本刊的出版,一方面是

---

① 钱穆:《中国历史研究法》,九州出版社 2012 年版,第 122—130 页。

② [德] 于尔根·哈贝马斯:《现代性的哲学话语》,曹卫东译,译林出版社 2011 年版,第 350 页。

③ 《影迷世界》(*The Movie News*),1940 年创刊,在上海出版,由杜鳌主编,影迷服务社出版。周刊,属于电影刊物,停刊日期及原因不详。该刊主要供稿人有翁飞鹏、志平、秦泰来、杜鳌、鲁汀、张铁口、黄浦、骆驼、佛若、张英超、王翰泉等。

想促进电影事业上正轨的发达，另一方面则是给予上海数千万电影读者一个真正的精神食粮，指责电影界的黑暗、恶劣现象，这是本报的天职，同时，电影界值得赞扬的地方，应该赞扬，这也是本报的职使，总之，本报的出版，至少是存一点，尽一份小力辅助电影事业的发达，能走上正轨发达的道路。"① 其中，通过该刊发表的文章《"孔夫子"在南洋失败，因为当地文化水准太低》、胡枫的《我拍电影的目的》、梅御的《李丽华的阿姐：改造双眼皮有上银幕意》等，我们不仅可以了解当时"孤岛"影业的发展特色和创作风格，而且还能挖掘出"孤岛"时期上海电影的文化语境与理论表达。

其次，从戏剧期刊来看。透过"孤岛"戏剧刊物，总结"孤岛"时期关于现代话剧与传统戏曲的理论，从中可以管窥出当时戏剧创作的风格流变、西方戏剧的本土改编现状以及观众至上的商业实践。例如，1939年年底，由独幕剧创作月刊社编辑在上海创刊的《独幕剧创作月刊》②，主要刊登反映社会现实、妇女解放、宣传抗战题材的剧本及历史情景剧，提高演剧水平。刊登有"自由的灵魂""朱仙镇""风波亭""毁灭""女性的解放"等剧本。编者于1939年12月的《序》中说道："两年来的上海戏剧事业，在荆棘丛生的园地上渐渐地苏生着了。无疑地这是综合了多少人的艰辛和困苦，时间和血汗才获得的这新生的萌芽，芽将长成树，树将茂成荫。现在大家正怀着千百倍于昔日的毅力，继续循着建设之路推进。坚强堡垒，争取演出实现难剧运动，提高水准，培植新人，充满战斗力。《独幕剧创作月刊》的发行，便是响应这种工作，提供新的优秀的剧本，作为一般剧团练兵之用，因为我们懂得罗马不是一天成功的。"③ 另外还有于

---

① 姜星谷：《创刊小言》，《影迷周报》1940年第1期。
② 1939年年底，由独幕剧创作月刊社编辑在上海创刊的《独幕剧创作月刊》。双月刊。该刊属于戏剧刊物，停刊时间及原因不详。主要撰稿人有蒋旗、许幸之、江上青、鹰隼、庸人等。
③ 《序》，《独幕剧创作月刊》1939年第1期。

1940 年 1 月在上海创刊的《戏剧与文学》①，该刊主要刊载剧本、小说、诗歌、散文、评论等内容，创刊号中分别总结 1939 年中文学理论、创作、翻译和剧运等方面的成果，有《一年来孤岛剧运的回顾》《一年读剧记》等，主要文章还有《复工之前》《现实主义论》《大明英烈传序幕》《风云之夜》等，是记录上海"孤岛"进步文化工作者活动的重要史料。

最后，从音乐、美术期刊看。和电影、戏剧期刊比起来，"孤岛"时期的音乐、美术等其他类艺术期刊并不多，但却从为数不多的几部音乐、美术期刊中，可以发现"孤岛"时期的音乐以及美术运动出现了高峰期，音乐家、画家也从现代主义逐步过渡到中西兼用，从异化的社会中开始面向对个人身份的求索。例如，1940 年 1 月在上海创刊、由新兴社编辑部编辑出版的《新兴粤曲集》②，其主要栏目有新兴粤曲集、海上音乐名家、播音名家、音乐家、作曲家、歌唱家等。该刊旨在"服务社会，增进家庭娱乐"③。20 世纪三四十年代，粤曲广泛流行，但众多爱好粤曲者苦无歌词，鉴于这种情况，该社花巨资搜购百代、歌林、胜利、捷利等各大唱片公司最新出版的粤曲作品，并刊载在该刊上，供读者欣赏学习粤曲之用。该刊一经出版，受到广大音乐爱好者的欢迎，被抢购一空。该刊所载粤曲曲目，内容丰富多样，既有歌唱历史英雄人物的曲词，如《梁红玉》，也有取材时代主题的歌词，如《焦土抗战》等歌曲，表达了作曲者对坚持抗战的信心，还有以国内外传统历史或小说人物故事为题材的歌曲，如《冲冠一怒为红颜》《林冲别妻》《茶花女》，反映了小说故事与戏曲艺术的融合。同时也有一些男欢女爱、缠绵悱恻的爱情歌曲，甚至还

---

① 《戏剧与文学》于 1940 年 1 月在上海创刊，月刊，由戏剧与文学社编辑并出版。该刊主要刊载剧本、小说、诗歌、散文、评论等内容。同年 6 月第 4 期后停刊。本刊主编人有于伶、满涛等，主要撰稿人有蒋天佐、张骏祥、石灵、于伶、锡金等。

② 《新兴粤曲集》1940 年 1 月在上海创刊，停刊时间及原因不详，由新兴社编辑部编辑，新兴社出版，刊期不详，属于文艺刊物。

③ 《前言》，《新兴粤曲集》1940 年第 1 期。

有一些表达颓废情绪、感时伤怀的小调，反映了在抗战形势下一些人的醉生梦死。同时该刊还刊载了大量的音乐家、播音家、作曲家、歌唱家的照片，为研究粤曲史的发展保存了大量的图片资料。该刊刊载新兴广播社播出的部分新编文本和台词，如《夜半歌声》《左右做人难》等。刊内附有全沪各电台广东节目一览表。该刊所载曲目反映了当时上海娱乐歌曲的发达，也反映了当时人们对娱乐歌曲的文化心理需求，它是研究粤曲曲目、粤曲名家等粤曲发展史的重要刊物之一。而《大同新歌选》刊载的《如此上海》①一曲反映了摩登上海的高楼大厦、公寓旅馆、灯红酒绿，以及在上海这个物欲横流的社会里的家破人亡、生活惨淡等各种情况。还有黄觉寺在《什么是现代中国画》中说的："就是折中中外的在中国画中参入一些西洋画风的一种绘画。利玛窦灌输到中国……借镜于外国不是'洋化'，更不是把国故摧残拉朽一样地除掉，也不是不问一切把外国的不管是好是坏，一视同仁地兼收并纳。'现代中国画'，他的立场，是不分疆域的，所以它不反对外来的影响，但也不'洋化'。因为它不疏忽于自己优长的特色，所以它尽量发扬我国固有文化的优点和尊贵，但也不'拟古'。结论是：'现代中国画'不拒绝外来的影响，但不洋化；'现代中国画'以现代人生为准则不拟古；'现代中国画'是反自然，重独创。"②这些看似杂乱无章的智识图景，却能够使我们发现一些规律性的东西，从而能够勾勒出一部分现代性艺术理论话语诞生与发展的清晰线索。而这些作为现代印刷媒介的艺术期刊，因为凝聚着所处时代的深厚印记和各个门类艺术理论，所以在中国艺术史的建构中占据着非常重要的位置。

正如我们所知，"孤岛"艺术期刊依附于当时的海派文化及各种艺术的发展而逐渐成熟，现如今，不只是"孤岛"艺术期刊，整个民国时期的老期刊也具有相当高的收藏价值和文艺价值，与此同时，

---

① 参见《大同新歌选》1940年8月1日。

② 参见《上海艺术月刊》，上海艺术学会编辑出版，1941年11月1日。

它们还具有非常高的历史价值和学术价值。作为大众传播媒介的一种形式，这些历久弥新的艺术刊物以其独特的创刊理念和传播策略，在民国时期的上海收获了大批稳定的读者受众。尤其是在"孤岛"艺术杂志的传播模式与规律中，通过各个传播形式要素间的互通、互动、互融，海派艺术文化得到了蓬勃的发展。艺术刊物是艺术史研究的活化石，艺术刊物在艺术与文化研究中发挥着巨大的作用和特殊的影响。而"孤岛"时期的艺术期刊及其海派文化，不论作为一个文化流派还是作为一个历史阶段，虽然已成为过去，但却都属于一段不可复制的辉煌过去，它在穿越了一个相当长的历史时期之后，不仅将在更为广大的空间里流传下来，而且会在更为久远的时间中延续下去，照亮并迎来新一轮的人类文化艺术的曙光。

附录

"孤岛"时期艺术期刊汇总表

（一）电影期刊

刊名	发行时间	编辑者	出版/发行	现存情况
《电声》	1932.51—1941.12	林泽苍、梁心玺、范寄病	三和出版社	保存完整
《青青电影》	1934.4.15—1951.10.31	严次平	青青电影出版社	保存完整
《新华画报》	1936.6.5—1940.12.25	龚天衣、丁聪、李嵩寿、江栋良、曹蜗引	新华影业公司/张善琨	保存完整
《国光影讯》	1937.10.22—1938.7.27	不详	国光影院公司	散佚
《电星》	1938.1.1—1938.5.28	李一、张一革、梁嘉惠	百合出版社/朱曼华	散佚
《银花集》	1938.3.1—1939.8.1	银花出版社编辑部	银花出版社	保存完整
《艺星》	1938.3—1938.3	陈平、丁宁	大中国出版社/屠诗聘	未知
《南海银星》	1938.4.23—1938.7.30	不详	上海联怡公司/上海亚洲公司	未知
《亚洲影讯》	1938.8.3—1942.4.8	不详	上海亚洲影院公司	保存完整
《狄娜窦萍专辑》	1938.8.10	不详	银花出版社	未知
《影戏弹》	1938.9.1—1938.11.23	顾亚凯	大声出版公司/彭记书报社	未知
《电影》	1938.9.7—1940.11.27	电影周报社/今文编辑社	友利公司	保存完整
《茶花女画辑》	1938.9.15	光明影业公司宣传部	光明影业公司	未知

续表

刊名	发行时间	编辑者	出版/发行	现存情况
《明星》	1938.10.10	王石如	中美出版社/黄天石	保存完整
《好莱坞》	1938.11.5—1941.6.28	电影周刊社/好莱坞周刊社/今文编辑社	电影周刊社/好莱坞周刊社/上海友利公司	保存完整
《金城月刊》	1938.11—1940.12	许新裕、周惠石	金城大戏院	保存完整
《罗宾汉》	1938	不详	不详	未知
《时代》	1939.9.1	余以文	时代半月刊社/胡以康	保存完整
《文献·日本侵略中国电影的阴谋特辑》	1939.1.10—1939.1.10	文献丛刊社	中华大学图书有限公司	保存完整
《艺华画报》	1939.2.10	叶逸芳、严振远、丁弁群、吴镛子	艺华影业公司/严幼祥	保存完整
《电影新闻》	1939.3.3—1939.7.7	电影新闻国画周刊社	电影新闻国画周刊社/上海友利公司	保存完整
《贡格廷特刊》	1939.3.20	电影丛书社	上海银花图书出版公司/陈文楠	保存完整
《秀兰·邓波儿专辑》	1939.4.4	电影丛书社	上海银花图书出版公司/陈文楠	保存完整
《电影世界》	1939.5.1—1941.11	电影世界编辑部/陈忠豪	大效公司出版部	保存完整
《特辑》	1939.5.1—1939.9.18	特辑社	特辑社	保存完整
《中国艺坛画报》	1939.6.10—1939.9.24	余以文	中国艺坛画报社	保存完整
《银影》	1939.6.25	银影编辑部	上海银影公司	保存完整
《中国艺人集》	1939.8	天真出版社	天真出版社/天真公司	保存完整
《文艺新闻·高尔基童年特辑》	1939.12.17	蒋策	文艺出版社/蒋策	保存完整
《一夜皇后》	1939	不详	不详	未知

续表

刊名	发行时间	编辑者	出版/发行	现存情况
《电影生活》	1940.1.1—1941.4	胡心灵	电影生活出版社	保存完整
《艺术世界》	1940.1.1—1942	黄寄萍、吴承达、叶逸芳	艺术世界出版社	保存完整
《江山美人》	1940.2.5	上海银海出版社编辑部	上海银花出版社/舒晓春	保存完整
《影迷画报》	1940.3.1—1940.9.5	陈亚里、吴铺子、严次平	青青电影出版社	保存完整
《电影漫画》	1940.3.20	不详	中国图书杂志公司	保存完整
《中国影讯》	1940.3.22—1942.4	中国影讯社/吴承达、黄寄萍、徐百益、叶逸芳、林云陶、陆小洛	中国影讯社	保存完整
《影艺》	1940.4.16	庄严、韦笳、汤乃谷	大效公司出版社/影艺出版公司	保存完整
《中外影讯》	1940.6.1	梁心玺、金玉、《电声》编辑部同人	精华周刊社/三和出版社/林泽苍	保存完整
《大华影讯》	1940.6.15—1942.4.3	远东影院公司	远东影院公司	部分保存
《好莱坞影讯》	1940.6.15—1940.10	吴承达	彭记书报社/好莱坞影讯社	保存完整
《银色》	1940.6.25	吴铺子	中国图书编译馆/中国图书杂志公司	保存完整
《大众影讯》	1940.7.13	陈富华	大众影讯社	部分保存
《观众》	1940.7.19	李之华	大效公司出版部	部分保存
《每日影讯》	1940.8.17	未知	未知	保存完整
《金星特刊》	1940.9.5—1941.6.1	金星影业出版股份有限公司	金星影业出版股份有限公司	保存完整
《华纳·再生缘特刊》	1940.10	上海华纳影片公司/捷发印务有限公司	上海华纳影片公司	部分保存
《世界电影》	1940.11.12	黄寄萍、吴承达	大东广告公司	保存完整

续表

刊名	发行时间	编辑者	出版/发行	现存情况
《剧影周讯》	1940. 11. 16	庄隽、在任、卜乙	剧影周讯社/徐贤	部分保存
《孔夫子影片特刊》	1940. 12. 1	民华影业公司编辑部/影艺出版公司编辑部	民华影业公司/影艺出版公司	保存完整
《中国电影画报》	1940. 12. 10—1941	李嵩寿	中国电影画报社	保存完整
《影迷世界》	1940	杜鳌	影迷服务社	保存完整
《香海画报》	1940	不详	香海画报社	保存完整
《安迪生特刊》	1940	P. Y. Zee Motion Picture Publicity Syndicate	P. Y. Zee Motion Picture Publicity Syndicate	未知
《西施》	1941. 1. 15	龚天衣、江栋良	中国联合影业公司宣传部	保存完整
《中国电影》	1941. 1—1941. 3	中国电影出版社	中国电影出版社	保存完整
《上海电影》	1941. 2	陈忠豪、屠诗聘		保存完整
《中国艺坛日报》	1941. 3. 6	未知	中国艺坛日报馆	部分保存
《电影新闻》	1941. 3. 15	电影新闻社/沈璐、范德泰、朱关荣	电影新闻社	部分保存
《电影艺术》	1941. 4. 25	电影艺术编辑部	联美出版公司、丁攸梅	保存完整
《银銮殿》	1941. 4. 25—1941. 8. 15	李嵩年	影艺出版公司	保存完整
《严华周璇婚变特刊》	1941. 6. 22—1941. 7. 30	未知	应人出版社	保存完整
《影星专集》	1941. 7. 5	姜星谷、张文杰	大同图书出版社	保存完整
《上海影讯》	1941. 7. 26	霞泽、吴良	影人出版公司	部分保存
《影坛春秋》	1941. 8. 1	中国电影书报编译社	中国电影书报编译社	部分保存
《东方影讯》	1941. 8. 11	东方影讯编译社	东方影讯编译社	部分保存
《电影小画报》	1941. 8. 25	李嵩年	电影小画报社	部分保存

续表

刊名	发行时间	编辑者	出版/发行	现存情况
《电影情报》	1941.9.10	姜星谷	张文杰	部分保存
《国联影讯》	1941.9.26	吴承达	中国联合影业公司	部分保存
《明星小画报》	1941.10.2	电影小画报社	未知	未知
《电影圈》	1941.10.4	不详	不详	部分保存
《圣池影剧半月刊》	1941.10.16—1941.10.16	晓星	圣池剧社	保存完整
《影迷周报》	1941.10.23—1941.11.27	姜星谷	五洲书报社	保存完整
《铁扇公主特刊》	1941.11	中国联合影业公司	中国联合影业公司	保存完整
《葛璐丽琪安特刊》	1941	环球影片公司	环球影片公司	散佚

(二) 戏剧期刊

刊名	发行时间	编辑者	出版/发行	现存情况
《戏世界》	1935.3.18—1945.8.14	戏世界杂志社编辑部	戏世界杂志社	部分保存
《戏剧周报》	1936—1940	王雪尘、戏剧周报社编辑	戏剧周报社	部分保存
《新演剧》	1937—1940 （1938年转至武汉、重庆）	新演剧社编辑	新演剧社	部分保存
《半月戏剧》	1937—1948	梅花馆主	声美出版社/上海月月刊戏剧出版社	保存完整
《十日戏剧》原《戏剧旬刊》	1937.2—1941.2	上海国剧保存会	上海国剧保存会	保存完整
《戏》	1938.1.1—1938.1.29	戏杂志社编辑部	戏杂志社	部分保存
《千字文》	1938.1.31—1939.8.1	赵车、孙樟、张溯源	千字文出版社/奚谷	部分保存
《每周戏剧》	1938.8.20	不详	每周戏剧社	保存完整
《戏迷传》	1938	不详	戏迷传社	保存完整
《戏剧杂志》	1938—1940	柳晓森、戈戈	剧场新闻社	部分保存

续表

刊名	发行时间	编辑者	出版/发行	现存情况
《剧场艺术》	1938—1941	李松青	剧场艺术出版社/胡松青	保存完整
《京剧演员专辑》	1938—1947	不详	不详	散佚
《戏言》	1938	徐刍尼、戏言社	戏言社/张尔淦	部分保存
《大成曲刊》	1939—1939	大成曲刊编辑部	大成学社	部分保存
《文曲》	1939	文曲出版社编辑部	文曲出版社	部分保存
《戏剧画报》	1939—1940	上海戏剧出版社编辑	上海戏剧出版社	部分保存
《申曲剧讯》	1940—1941	大阿福（叶峰）	申曲剧讯社	保存完整
《独幕剧创作月刊》	1940	独幕剧创作月刊社编辑	上海剧艺出版社	部分保存
《半月剧选》	1940	不详	半月剧选社	部分保存
《保联剧讯》	1040	不详	不详	部分保存
《青年戏剧》	1940	不详	不详	部分保存
《剧场新闻》	1940.7—1941.3	剧场新闻社编辑	剧场新闻社	部分保存
《小剧场·半月丛刊》	1940—1941	海风出版社编辑部	小剧场·半月丛刊出版社	保存完整
《越剧专刊·四而社丛刊之一》	1940.4	四而社编辑	四而社	部分保存
《戏剧与文学》	1940	戏剧与文学社编辑	戏剧与文学社	保存完整
《永安乐社义务演剧筹赈特辑》	1940.4	上海救济中山难民会编辑	上海救济中山难民会	保存完整
《绍兴戏报》	1941.1.24—1941.1.29	绍兴戏剧报社编辑部	绍兴戏剧报社	部分保存
《戏剧年鉴》	1941	不详	戏剧年鉴社	部分保存
《舞台艺术》	1941	不详	舞台艺术	部分保存
《北平戏曲学校毕业生剧团特刊》	1941.2	吴江枫	黄金出版社	保存完整
《剧艺》	1941	于伶等人	上海剧艺社	保存完整

（三）美术期刊

刊名	发行时间	编辑者	出版/发行	现存情况
《美术杂志》	1937.3.1—1938.2	美术杂志社编辑	上海美术杂志社	保存完整
《西洋美术杂志》	1938.7.20	丽莎女士主编	西洋美术杂志社	部分保存
《美术界》	1939.9—1940.3	美术界社编辑	美术界月刊社出版	保存完整
《上海艺术月刊》	1941.11.1—1943.2	上海艺术学会	上海艺术学会	保存完整

（四）音乐期刊

刊名	发行时间	编辑者	出版/发行	现存情况
《音乐月刊》	1937.11.1—1939	陈洪	国立音乐专科学校	部分保存
《音乐世界》	1938.8—1939.12	新兴音乐社	新兴音乐社	部分保存
《今日新歌》	1938.5	雪花音乐社	雪花音乐社	部分保存
《大成曲刊》	1939	大成曲刊编辑	大成学社	部分保存
《影城新曲》	1940	李七牛（黎锦光）	应人出版社	部分保存
《银坛歌选》	1940.1	汤融	银月社/薛建	部分保存
《银幕名歌》	1940.7.15	光明出版社	王英	部分保存
《电影新歌集》	1940	不详	电影新歌集社	保存完整
《大同新歌选》	1940	朱婴、姚敏	大同新歌选社	保存完整
《新兴粤曲集》	1940	新兴编辑部	新兴出版社	保存完整
《每月新歌》	1940	不详	每日新歌社	保存完整
《申曲日报》	1941.3.6—1943.1.31	叶峰	申曲日报社	保存完整
《银歌集》	1941.4	新月社	雅卿	部分保存
《美丽歌选》	1941	不详	美丽歌选社	保存完整

（五）综合类艺术期刊

刊名	发行时间	编辑者	出版/发行	现存情况
《良友》	1926—1945	梁得所、马国亮	良友图书印刷有限公司	保存完整
《上海画报》	1938.11.7	叶雲	徐端良、现代出版社	保存完整
《仙乐画报》	1938.12.1	谢文元、戴仲贤	英商仙乐有限公司	部分保存
《礼拜日周报》	1938—1939	不详	礼拜日周报社	部分保存
《文画周刊》	1938.10—1938.11	范一帆、范一发	文画周刊社	保存完整
《上海日报画刊》		不详	上海日报画刊社	部分保存
《我的画报》	1939	不详	我的画报社	部分保存
《摩登》	1939	摩登半月刊社	摩登半月刊社	部分保存
《新文苑》	1939	新文苑月刊社编辑	文理图书有限公司/傅立鱼	保存完整
《艺术文献》	1939	文献丛刊社	中华大学图书有限公司	部分保存
《文汇年刊》	1939	文汇年刊编辑委员会	英商文汇有限公司出版部	保存完整
《上海周报》	1939—1941	弗利特	上海英商独立出版公司	保存完整
《国光艺刊》	1939	国光艺刊社	国光艺刊社	保存完整
《自由评论》	1939.5.16—1939.7	自由评论社	自由评论社	部分保存
《远东画报》/《欧亚画报》	1940—1942	何本奥	璧恒公司	保存完整
《现代艺术》	1940.8—1940.9	钱力行	中国现代公司出版部	部分保存
《文艺世界》	1940.7.15—1941.7	文艺世界社	文艺世界社	保存完整
《西风漫画》	1941	不详	西风漫画社	保存完整
《漫画月刊》	1941	不详	漫画月刊社	部分保存
《漫画木刻丛刊》	1941	不详	漫画木刻丛刊社	部分保存
《南方杂志》	1941.2.15—1941.3.31	南方杂志社	南方杂志社	部分保存
《享乐图画月刊》	1941.10.8	周世勋	享乐月刊社	部分保存

参考文献

（一）专著

费正清主编：《剑桥中华民国史》（第1—4部），上海人民出版社1991年版。

宋应离主编：《中国期刊发展史》，河南大学出版社2000年版。

王余光、吴承贵：《中国出版史·民国卷》，中国书籍出版社2008年版。

上海文史馆等编：《上海地方史资料》（三），上海社会科学院出版社1984年版。

上海文史馆等编：《上海地方史资料》（五），上海社会科学院出版社1984年版。

唐振常主编：《上海史》，上海人民出版社1989年版。

刘惠吾主编：《上海近代史（下）》，华东师范大学出版社1987年版。

熊月之、周武编：《上海——一座现代化都市的编年史》，上海书店出版社2009年版。

丁日初主编：《上海近代经济史》第二卷，上海人民出版社1997年版。

唐培吉：《上海抗日战争史通论》，上海人民出版社2001年版。

李瞻：《世界新闻史》，台湾政治大学新闻研究所1966年版。

薛理勇：《旧上海租界史话》，上海社会科学院出版社2002年版。

邹依仁：《旧上海人口变迁的研究》，上海人民出版社1980年版。

许纪霖、陈达凯：《中国现代化史》第一卷（1800—1949），学林出版社 2006 年版。

陈存仁：《抗战时代生活史》，上海人民出版社 2001 年版。

冯并：《中国文艺副刊史》，华文出版社 2001 年版。

忻平：《从上海发现历史》，上海人民出版社 1996 年版。

杜云之：《中华民国电影史》，台湾"行政院"文化建设委员会 1988 年版。

邹依仁：《旧上海人口变迁的研究》，上海人民出版社 1980 年版。

孟兆臣：《中国近代小报史》，社会科学文献出版社 2005 年版。

程季华主编：《中国电影发展史》，中国电影出版社 1980 年版。

李少白：《影心探赜——电影历史及理论》（增订本），中国电影出版社 2000 年版。

郦苏元、胡菊彬：《中国无声电影史》，中国电影出版社 1996 年版。

李道新：《中国电影批评史》（1897—2000），中国电影出版社 2002 年版。

丁罗南：《上海百年话剧史述》，广西师范大学出版社 2008 年版。

上海美术志编委会：《上海美术志》，上海书画出版社 2004 年版。

李超：《上海油画史》，上海人民美术出版社 1995 年版。

彭亚新主编：《中共中央南方局的文化工作》，中共党史出版社 2009 年版。

陶行知：《陶行知全集》第七卷，四川教育出版社 1991 年版。

李恒基、杨远婴主编：《外国电影理论文选》，上海文艺出版社 1995 年版。

程步高：《影坛忆旧》，中国电影出版社 1983 年版。

上海通社编：《上海研究资料》，上海书店 1884 年版。

周世勋编：《上海市大观》，文华美术图书公司 1933 年版。

杨义著，郭晓鸿辑图：《京派海派综论》（图志本），中国社会科学出版社 2003 年版。

胡根喜：《四马路——老上海海派特色文化的一条街》，学林出版社 2001 年版。

李少白：《影史榷略——电影历史及理论续集》，文化艺术出版社 2003 年版。

包天笑：《钏影楼回忆录》，大华出版社 1971 年版。

包天笑：《钏影楼回忆录续编》，大华出版社 1973 年版。

沈寂：《影星悲欢录》，上海书店出版社 2001 年版。

丘处机主编：《摩登岁月》，上海画报出版社 1999 年版。

戴小兰编选：《中国无声电影》，中国电影出版社 1996 年版。

陈坚：《夏衍的艺术世界》，中国戏剧出版社 1993 年版。

会林、陈坚、绍武编：《夏衍研究资料》，知识产权出版社 2010 年版。

洪深：《洪深文集》，中国戏剧出版社 1960 年版。

胡蝶口述，刘慧琴整理：《胡蝶回忆录》，新华出版社 1987 年版。

郑培为、刘桂清编选：《中国无声电影剧本》（上、中、下），中国电影出版社 1996 年版。

张骏祥、程季华主编：《中国电影大辞典》，上海辞书出版社 1995 年版。

关文清：《中国银坛外史》，广角镜出版社 1976 年版。

顾也鲁：《老上海电影明星 1916—1949》，上海画报出版社 2000 年版。

陈播主编：《中国左翼电影运动》，中国电影出版社 1993 年版。

丁亚平主编：《百年中国电影理论文选》（上册），文化艺术出版社 2002 年版。

陈坚、陈抗：《夏衍传》，北京十月文艺出版社 1998 年版。

吴士余主编：《视点》（第一辑"大众文化研究"），上海三联书店 2001 年版。

陶东风、金元浦、高丙中主编：《文化研究》（第 3 辑"视觉文化研究"专题），天津社会科学院出版社 2002 年版。

陈墨:《影坛旧踪》,江西教育出版社 2000 年版。

叶又红主编:《海上旧闻》(第一、二辑),文汇出版社 1998、2000 年版。

刘呐鸥:《都市风景线》,黑龙江人民出版社、北方文艺出版社 1999 年版。

何纯:《新闻叙事学》,岳麓书社 2006 年版。

东发、徐宝璜:《新闻学论集》,北京大学出版社 1994 年版。

张国良:《传播学原理》,复旦大学出版社 2009 年版。

李良荣:《新闻学导论》,高等教育出版社 2006 年版。

李勇军:《再见老杂志(细节中的民国记录)》,北京工业大学出版社 2010 年版。

杨斌:《消费文化与艺术创新》,江西美术出版社 2007 年版。

柏彬:《中国话剧史稿》,上海翻译出版公司 1991 年版。

吴乾浩、谭志湘:《20 世纪中国戏剧舞台》,青岛出版社 1992 年版。

胡叠:《上海孤岛话剧研究》,文化艺术出版社 2009 年版。

葛飞:《戏剧、革命与都市漩涡——1930 年代左翼剧运、剧人在上海》,北京大学出版社 2008 年版。

张仲礼主编:《近代上海城市研究》,上海人民出版社 1990 年版。

王震:《20 世纪上海美术年表》,上海书画出版社 2005 年版。

吴信训:《文化传播新论》,上海人民出版社 2008 年版。

熊月之等编:《透视老上海》,上海社会科学院出版社 2004 年版。

陶菊隐:《孤岛见闻——抗战时期的上海》,上海人民出版社 1979 年版。

丁亚平:《电影的踪迹:中国电影文化史评》,中央编译出版社 2005 年版。

董新宇:《看与被看之间——对中国无声电影的文化研究》,北京师范大学出版社 2000 年版。

高小健:《新兴电影:一次划时代运动》,中国电影出版社 2005

年版。

龚稼农:《龚稼农从影回忆录》,传记文学出版社 1980 年版。

龚金平:《开放视野下多维对话关系的构建——作为历史与实践的中国当代电影改编》,光明日报出版社 2007 年版。

何建平:《好莱坞电影机制研究》,上海三联书店 2006 年版。

焦雄屏:《时代显影——中西电影论述》,远流出版事业股份有限公司 1998 年版。

焦雄屏:《映像中国》,复旦大学出版社 2005 年版。

金丹元:《电影美学导论》,复旦大学出版社 2008 年版。

陈犀禾主编:《当代电影理论走向》,文化艺术出版社 2005 年版。

蓝凡:《中西戏剧比较论》,学林出版社 2008 年版。

杜云之:《中国电影七十年》,电影图书馆 1986 年版。

李道新:《中国电影的史学建构》,中国广播电视出版社 2004 年版。

李道新:《中国电影文化史 1905—2004》,北京大学出版社 2005 年版。

郦苏元:《中国现代电影理论史》,文化艺术出版社 2005 年版。

胡克:《中国电影理论史评》,中国电影出版社 2005 年版。

罗艺军编:《20 世纪中国电影理论文选》(上下),中国电影出版社 2003 年版。

孙逊、杨剑龙主编:《都市空间与文化想象》,上海三联书店 2008 年版。

李涛:《大众文化语境下的上海职业话剧(1937—1945)》,上海书店出版社 2011 年版。

方明光编:《海上旧梦影》,上海人民出版社 2003 年版。

张伟:《都市·电影·传媒——民国电影笔记》,同济大学出版社 2010 年版。

陈丽凤、毛黎娟:《上海抗日救亡运动》,上海人民出版社 2000 年版。

忻平：《从上海发现历史——现代化进程中的上海人及其社会生活》，上海人民出版社 1996 年版。

熊月之主编：《西制东渐——近代制度的擅变》，长春出版社 2005 年版。

杨东平：《城市季风——北京和上海的文化精神》，东方出版社 1994 年版。

叶维廉：《中国诗学》，生活·读书·新知三联书店 1992 年版。

张赛群：《上海"孤岛"贸易研究》，知识产权出版社 2006 年版。

唐小兵：《英雄与凡人的时代：解读 20 世纪》，上海文艺出版社 2001 年版。

唐小兵编：《再解读大众文艺与意识形态》，北京大学出版社 2007 年版。

陶菊隐：《大上海的孤岛岁月》，中华书局 2005 年版。

王德威：《想象中国的方法：历史·小说·叙事》，生活·读书·新知三联书店 1998 年版。

姜进主编：《都市文化中的现代中国》，华东师范大学出版社 2007 年版。

刘青峰编：《民族主义与中国现代化》，香港中文大学出版社 1994 年版。

刘永明：《左翼文艺运动与中国马克思主义文艺理论的早期建设》，中国文联出版社 2007 年版。

马长林：《租界里的上海》，上海社会科学院出版社 2003 年版。

徐铸成：《报人张季鸾先生传》，生活·读书·新知三联书店 1986 年版。

王政挺：《传播：文化与理解》，人民出版社 1998 年版。

王知伊、任嘉尧、张友济：《编辑记者一百人》，学林出版社 1985 年版。

徐铸成：《新闻艺术》，知识出版社 1985 年版。

姚芳藻:《柯灵传》,上海教育出版社2001年版。

许道明:《海派文学论》,复旦大学出版社1999年版。

钱穆:《国北历史研究法》,九州出版社2012年版。

徐铸成:《报人六十年》,学林出版社1999年版。

柯灵:《柯灵书信集》,学苑出版社1996年版。

陈顺馨、戴锦华选编:《妇女、民族与女性主义》,中央编译出版社2004年版。

王文彬:《中国报纸的副刊》,中国文史出版社1988年版。

包亚明主编:《现代性与空间的生产》,上海教育出版社2003年版。

[日]村田雄二郎主编:《系列20世纪中国史》,东京大学出版会2009年版。

[日]高纲博文:《战时上海(1937—1945)》,研文出版社2005年版。

[日]飯島涉、久保亨、村田雄二郎:《シリーズ20世纪中国史3·グローバル化と中国》,東京大學出版社2009年版。

[日]和田博文:《言語都市·上海(1840—1945)》,東京大學出版社1999年版。

[美]苏珊·朗格:《情感与形式》,中国社会科学出版社1986年版。

[美]李欧梵:《上海摩登——一种新都市文化在中国》,北京大学出版社2001年版。

[美]傅葆石:《灰色上海,1937—1945中国文人的隐退、反抗与合作》,生活·读书·新知三联书店2012年版。

[美]傅葆石:《双城故事:中国早期电影的文化政治》,北京大学出版社2008年版。

[美]路易斯·贾内梯:《认识电影》,中国电影出版社1997年版。

[美]丹尼尔·杰·切特罗姆:《传播媒介与美国人的思想》,中

国广播电视出版社 1991 年版。

[美] 丹尼尔·贝尔:《资本主义文化矛盾》,生活·读书·新知三联书店 1989 年版。

[美] 弗雷德里克·詹姆逊:《快感:文化与政治》,中国社会科学出版社 1998 年版。

[美] 约翰·费斯克:《理解大众文化》,中央编译出版社 2001 年版。

[美] 弗雷德里克·詹姆逊:《文化转向》,中国社会科学出版社 2000 年版。

[美] 罗伯特·C. 艾伦、道格拉斯·戈梅里:《电影史:理论与实践》,李迅译,中国电影出版社 1997 年版。

[美] J. 罗尔斯:《政治自由主义》,万俊人译,译林出版社 2002 年版。

[美] C. 格尔茨:《文化的解释》,韩莉译,译林出版社 2008 年版。

[美] 本尼迪克特·安德森:《想象的共同体——民族主义的起源与散布》,吴叡人译,上海世纪出版集团 2003 年版。

[美] 海登·怀特:《后现代历史叙事学》,陈永国译,中国社会科学出版社 2003 年版。

[美] 李欧梵:《上海摩登——一种新都市文化在中国(1930—1945)》,毛尖译,上海三联书店 2008 年版。

[美] 史书美:《现代的诱惑:书写半殖民地中国的现代主义(1917—1937)》,何恬译,江苏人民出版社 2007 年版。

[美] 周蕾:《妇女与中国现代性:西方与东方之间的阅读政治》,蔡青松译,上海三联书店 2008 年版。

[美] 爱德华·索亚:《第三空间:去往洛杉矶和其他真实和想象地方的旅程》,陆扬等译,上海教育出版社 2005 年版。

[英] A. 吉登斯:《现代性的后果》,田禾译,译林出版社 2000 年版。

[英]安吉拉·默克罗比:《后现代主义与大众文化》,中央编译出版社 2001 年版。

[英]马修·卡莫纳等著:《公共空间与城市空间》,马航等译,中国建筑工业出版社 2015 年版。

[英]罗宾,科恩、保罗·肯尼迪:《全球社会学》,文军等译,社会科学文献出版社 2001 年版。

[英]迈克·克朗:《文化地理学》,杨淑华、宋慧敏译,南京大学出版社 2003 年版。

[英]卡尔;《历史是什么?》,陈恒译,商务印书馆 2008 年版。

[法]西蒙娜·德·波伏瓦:《第二性》,郑克鲁译,上海译文出版社 2011 年版。

[法]布尔迪厄:《文化资本和社会炼金术》,包亚明译,上海人民出版社 1997 年版。

[法]安德烈·巴赞:《电影是什么?》,崔君衍译,文化艺术出版社 2008 年版。

[法]马塞尔·马尔丹:《电影语言》,何振淦译,中国电影出版社 2006 年版。

[法]米歇尔·福柯:《知识考古学》,谢强、马月译,生活·读书·新知三联书店 2012 年版。

[德]于尔根·哈贝马斯:《现代性的哲学话语》,曹卫东译,译林出版社 2011 年版。

[德]瓦尔特·本雅明:《机械复制时代的艺术作品(摄影小史)》,王才勇译,江苏人民出版社 2006 年版。

[德]于尔根·哈贝马斯:《公共领域的结构转型》,曹卫东、王晓珏、刘北城、宋伟杰译,学林出版社 1999 年版。

[德]齐奥尔特·西美尔:《时尚的哲学》,曹卫东等译,文化艺术出版社 2001 年版。

[德]F. 梅尼克:《历史主义的兴起》,陆月宏译,译林出版社 2010 年版。

［德］克利福德·格尔兹：《文化的解释》，韩莉译，译林出版社
1999 年版。

（二）论文

郑连根：《抗日报刊"孤岛"求生记》，《炎黄春秋》2005 年第
10 期。

万中原：《抗战中的上海"孤岛"》，《大江南北》2005 年第
10 期。

周国良：《抗日战争时期浙江金华的图书报刊活动》，《图书情报
工作》2009 年第 21 期。

宋原放：《中国近代出版大事记》，《出版史料》1990 年第 1 辑至
1991 年第 4 辑。

丁孝智、张根福：《"孤岛"时期上海〈文汇报〉介绍》，《抗日
战争研究》1994 年第 3 期。

徐铸成：《文汇报创办时的编辑部》，《福建日报通讯》1980 年第
6 期。

黄瑚：《上海"孤岛"时期抗日报刊述评》，《新闻研究资料》
1987 年第 39 辑。

杨幼生：《上海"孤岛"时期的洋商华文报》，《新闻记者》1985
年第 8 期。

储玉坤：《记爱国报人严宝礼》，《新闻大学》1992（春、夏、
秋、冬四期）。

李鹏飞：《论〈文汇报〉初创时期的新闻操作策略》，《新闻大
学》2005（秋季卷）。

刘宝珍：《试论〈文汇报〉在抗日战争时期的正面宣传作用》，
《郧阳师范高等专科学校学报》2005 年第 4 期。

李秋生：《上海孤岛报业奋斗史——回忆亲身经历的惨烈斗争》，
《台湾传记文学》1984（8—11），1985（1—4、9、10、11），1986
（1、2、4）。

刘绍唐：《民国人物小传：柯灵》，《台湾传记文学》2001 年第 5 期。

邵培仁：《论媒介生态的五大观念》，《新闻大学》2001 年。

文汇年刊编委会：《抗战以来中外大事记》，《文汇年刊》1939 年（冬）。

刘晓：《略谈上海地下党的工作》，《党史资料（丛刊）》1981 年第 1 期。

黄志雄：《上海"孤岛"文艺期刊》，《抚顺师专学报》1993 年第 3 期。

郑健健：《新华影业公司研究（1934—1942）》，复旦大学博士学位论文，2011 年。

盘剑：《互动与整合——海派文化语境中的电影和文学》，浙江大学博士学位论文，2003 年。

王鹏飞：《"孤岛"时期文学期刊研究》，华东师范大学博士学位论文，2006 年。

于琦：《二十世纪前期（1904—1949）戏曲期刊与戏曲理论研究》，中国艺术研究院博士学位论文，2013 年。

周立华：《"孤岛"时期的文汇报研究》，厦门大学博士学位论文，2007 年。

楼嘉军：《上海城市娱乐研究（1930—1939）》，华东师范大学博士学位论文，2004 年。

洪煜：《近代上海小报与市民文化研究（1897—1937）》，上海师范大学博士学位论文，2006 年。

来平：《战时上海大众娱乐研究（1937—1945）》，华东师范大学博士学位论文，2008 年。

后　记

　　此书是笔者的博士毕业论文，是在恩师金丹元教授的悉心指导下完成的。感谢金老师的亲切关怀和精心指导，虽然导师有繁忙的工作，但是仍会抽出时间给予我学术上的指导和帮助，同时，还特别感谢金老师和师母在这三年来对我生活上的关心和照顾。

　　同时，上海大学、复旦大学、上海戏剧学院、东京大学的各位老师也给我提供了良好的学习和写作环境，使我从中受益匪浅。特别是上海大学影视学院的林少雄老师、陈犀禾老师、蓝凡老师、赵晓红老师、赵伟平老师、刘海波老师、聂伟老师，复旦大学的周斌老师、张振华老师，上海戏剧学院的张仲年老师、厉震林老师，郑州大学的史鸿文老师、宋国栋老师，日本东京大学的村田雄二郎先生、吉泽诚一郎先生，以及东洋文库的青山治世先生、关智英先生等，他们严谨的治学态度、认真的科学研究方法、敏锐的学术洞察力、勤勉的工作作风、勇于创新和开拓的精神以及对学生认真负责的态度，都永远值得我学习。在此，谨向各位恩师致以深深的敬意和由衷的感谢。

　　感谢我的父母，他们在学习和生活上给予我很大的支持和鼓励，是他们给予我努力学习、奋斗拼搏的信心和力量，祝愿父母永远健康幸福！

　　感谢所有关心我、支持我和帮助我的同学、朋友、老师和亲人。在这里，我仅用一句话来表达我无法言语的心情：谢谢你们，希望你们幸福安康！

　　我将继续前行，祝愿自己一切顺利！